위기에 처한 아빠 가게를 살려라!

돈 공부로 부자 될래요

다나카 야스히로·우사미 글 | 아키야마 다카요 그림 | 김지영 옮김

차례

시작하는 글 • 5

 세상을 돌고 도는 '돈의 흐름' 알기

1. 저금통에서 튀어나온 토끼 • 11
2. 폼 나는 부자가 될 거야! • 18
   똑똑한 경제 상식 ① 엄마가 밖에서 일하면 안 되는 거야? • 22
3. 돈의 기본은 '벌다'와 '쓰다' • 24
   똑똑한 경제 상식 ② 다른 나라의 친구들은 이미 돈 공부를 시작했다고? • 34
4. 용돈 기입장은 돈과 나눈 우정의 기록 • 36
   똑똑한 경제 상식 ③ 용돈 기입장 쓰는 법을 알려 줄게 • 42

 돈을 떠나보낼 때는 똑똑한 '소비'하기

1. '사게 만드는 작전'에 주의하자! • 47
   똑똑한 경제 상식 ④ 스트레스 따위 해치워 버려! • 52
2. 돈을 소중하게 생각하며 쓰자 • 54
3. 괴물 캐시리스의 등장 • 58
   돈이 점점 불어나는 돈돈 퀴즈 ① • 64
   돈이 점점 불어나는 돈돈 퀴즈 ② • 65
   똑똑한 경제 상식 ⑤ 캐시리스 때문에 엉엉 울었다고? • 66
4. 돈을 똑똑하게 쓰는 비결 • 68
   똑똑한 경제 상식 ⑥ 인생에서 가장 '비싼' 쇼핑은 뭘까? • 74

폼 나는 부자가 되기 위해 '사전 준비' 하기

1. '평소의 생활'을 소중하게 • 80
2. 절약 다음은 '돈벌이'를 생각하자 • 85
3. 건강하게, 친구와 사이좋게, 공부는? • 89
   똑똑한 경제 상식 ⑦ 초등학생에게 인기 있는 직업은 뭘까? • 96
4. '돈의 열매'가 열리는 나무가 되자! • 98
   똑똑한 경제 상식 ⑧ 만 원 지폐의 얼굴, 세종 대왕은 어떤 사람일까? • 104

 ## 돈은 없어도 웃음이 있다면 언젠가 '성장'한다

1. 가난과 싸우는 우람이 • 110
2. 높이 '도약하기' 위해서는 웅크려야 하는 법 • 116
   똑똑한 경제 상식 ⑨ 소중한 세금에 대해 알아 두자! • 124
3. 돈이 없을 때는 머리를 써라! • 126
4. 요리 교실로 기사회생할 수 있을까? • 132
   똑똑한 경제 상식 ⑩ 배고파도 밥을 먹지 못하는 아이들이 있어! • 138

 ## 진정한 부자가 되는 비결 '감사의 마음' 순환

1. 아빠가 '고맙다'는 인사를 한 이유 • 145
   똑똑한 경제 상식 ⑪ 한 접시에 1,000원인 초밥, 재료비는 얼마일까? • 150
2. 자두 할머니의 정체 • 152
3. '감사함'을 늘리면 '벌이'가 늘어난다 • 157
4. 엄마의 대폭발! • 161

에필로그 • 170

● **등장인물**

도담
초등학교 5학년 남자아이.
토형과 돈 공부를 하며
형편이 어려워진 '원기정'을
되살리려 노력한다.

우람
도담이의 단짝. 기초생활보호
대상자이지만 밝은 얼굴로
가난을 이겨 낸다.

토형
토끼 저금통에서
튀어나온
신비로운 토끼다.

자두 할머니
동네 사람들이
무서워하는
무뚝뚝한 할머니.
하지만 '폼 나는'
반전 매력의
소유자이다.

엄마
도담이의 엄마.
덜렁대지만
밝은 성격이다.

아빠
도담이의 아빠.
레스토랑 '원기정'의
요리사이자 주인이다.

시작하는 글

여러분, 돈 공부는 무엇일까요? 혹시 돈 공부라고 하니까 어렵게 느껴지나요? '공부'라는 낱말에 머리가 아파 오나요?

그런데 우리는 당장 먹을 음식과 옷, 생필품을 사기 위해 돈을 사용합니다. 무인도에 살지 않는 한 돈은 우리가 살아가는 데 꼭 필요하지요.

이 책의 주인공인 도담이도 돈 공부를 하고 싶어 하지는 않았어요. 하지만 돈에 대해 구슬땀을 흘리며 배움으로써 아주 놀라운 경험을 했지요. 어떤 경험이냐고요? 그건 이 책을 찬찬히 읽어 보면 발견하게 될 거예요.

앗, 내가 누군지 궁금하다고요? 조금만 기다려 주세요. 앞으로 책장을 몇 장만 더 넘기면 알게 될 테니까요. 우선 도담이부터 만나 보세요. 나는 잠시 후에 등장합니다.

1

세상을 돌고 도는 '돈의 흐름' 알기

과연 도담이와 가족의 운명은?

1. 저금통에서 튀어나온 토끼

그날, 나는 평소보다 늦은 시간에 눈을 떴다. 졸린 눈을 비비며 거실로 나왔는데, 엄마가 보이지 않았다. 대신 식탁에 토스트와 함께 '이거 먹으렴.'이라고 적힌 엄마의 메모가 있었다.

적막한 거실에서 한 입 베어 문 토스트는 차갑게 식어 있었다. 나는 문득 지금까지의 '온기'를 떠올렸다. 얼마 전부터 엄마가 슈퍼마켓에 나가 일하면서 우리 집에는 온기가 사라졌다. 혼자 아침을 먹는 경우가 많아졌고, 거실은 썰렁했고, 엄마와 아빠가 웃는 모습을 보기 힘들었다. 우리 집은 예전과 달라졌다.

차가운 토스트를 겨우 다 먹은 후 게임이나 할까 생각했지만 영 그럴 기분이 아니었다.

"에이, 짜증 나."

가라앉은 기분으로 내 방에 돌아왔다. 그리고 침대에 누운 그 순간, 토끼 모양의 저금통이 눈에 들어왔다.

사실 토끼 모양의 저금통은 오래전부터 책장 한편에 놓여 있었다. 중요한 목적을 위해 저금통에 돈을 모으고 있었지만 갑자기 저금통을 깨 버리고 싶은 충동이 들었다.

'이 저금통을 깨면 새 게임을 살 수 있을 거야.'

왠지 새 게임이라도 사면 기분이 좋아질 것만 같았다.

"그래, 틀림없어. 마음을 정했으면 바로 실행해야지."

나는 공구함에서 망치를 꺼내 왔다. 책상 위에 저금통을 놓고 그 앞에 섰다. 약간 망설여졌지만, 이내 망치를 쥔 오른손에 힘을 주었다.

"간다!" 하고 기합을 넣으며 저금통을 향해 힘차게 망치를 내리쳤다. 망치는 목표물에 정확히 명중했고, 동시에 '쩽강' 하는 메마른 소리가 났다.

바로 그때 무언가가 환하게 빛나기 시작했다. 너무 눈이 부셔서 아무것도 보이지 않았다. 눈을 질끈 감았다 떴을 때 나는 깜짝 놀랐다.

"으아아악, 뭐, 뭐야!"

눈앞에 있어야 할 저금통이 사라졌다. 그런데 마음을 진정할 틈도 없이 연이어 믿을 수 없는 일이 벌어졌다. 내 앞에는 토끼가 서 있었다. 그것도 반질반질한 항공 점퍼를 입고서.

'설마 토끼 모양 저금통에서 진짜 토끼가 나온 거야?'

나는 너무 놀라 눈이 휘둥그레졌다.

당황한 내 모습에 아랑곳하지 않고, 토끼는 퉁명스럽게 말했다.

"갑자기 토끼가 나타나서 놀랐겠네. 미안하게 됐어."

꿈인가 싶어 볼을 살짝 꼬집었더니 아팠다. 주먹으로 머리를 콩 때렸더니 역시 아팠다. 아무래도 꿈은 아니었다. 어안이 벙벙한 나를 향해 토끼가 물었다.

"왜 소중한 저금통을 깨뜨린 거야?"

토끼의 질문에 나는 아무 말도 하지 못하고 굳어 버렸다.

'대체 뭐가 어떻게 된 거지?'

나는 겨우 정신을 차리고 토끼에게 물었다.

"너, 너는, 대체 누구야?"

"누구긴 누구야. 토끼잖아, 토, 끼. 토끼 저금통에서 곰이 튀어나올 리는 없으니까."

대답이 이상했다.

"누가 토끼인 줄 몰라? 믿을 수 없어. 이건 뭔가 이상해."

"이상한 건 너야. 소중한 저금통을 깨다니, 무슨 짓이야?"

"저금한 돈으로 새 게임을 사려고 그런 거야. 내 돈이니까 상관없잖아!"

"뭐, 그건 그렇지만……."

"아, 알았다! 내 소원을 이루어 주기 위해 나타난 거구나! 요술 램프의 요정이 알라딘의 소원을 들어주는 것처럼 말이야."

그러자 토끼는 큰 소리로 웃었다.

"너도 참 순진하구나. 저금통에서 튀어나온 녀석이 돈을 준다든가 하는 그런 이야기는 다 아이들을 속이기 위해 지어낸 거라고."

"쳇. 뭐야? 그럼 나한테 돈을 주려는 게 아니구나."

"그 대신, 더 좋은 걸 선물할지도 모르지."

"뭐? 정말이야?"

예상하지 못한 전개에 마음이 조금 두근거렸다.

'토끼가 선물을 준다니, 돈보다 좋은 거면 도대체 뭘까?'

나는 굽신거리며 토끼를 향해 말했다.

"토끼님, 혹시 산타 같은 거야?"

"바보 같은 소리 하지 마. 산타는 모습을 드러내지 않잖아. 이렇게 당당하게 등장하는 산타가 어디 있어?"

"물론 그렇지. 그럼 토끼님은 정체가 뭐야?"

"그건 차차 설명하도록 하지……. 그나저나 그 '토끼님'이라는 호칭은 좀 별로인데. 내가 인형도 아니고."

"그럼 뭐라고 부르면 돼?"

"어디 보자. 그래, 토끼 형님이라는 뜻으로 '토형' 어때?"

"토형이라니, 이상한데?"

나는 풋 하고 웃음을 터뜨렸다.

"뭐야, 열받네. 그냥 돌아가 버릴까 보다."

토형이 화를 내며 말했다.

"미안, 미안. 이제 안 웃을 테니까 용서해 줘. 응? 토형."

선물을 받을 때까지는 절대 돌려보낼 수 없다.

"도담아, 너 무슨 고민 있지? 말해 봐. 내가 들어 줄게."

갑작스러운 질문에 가슴이 턱 막혔다. 그런데 날 바라보는 토형의 눈빛이 어쩐지 다정했다.

나는 큰맘 먹고 내 앞에 나타난 이상한 토끼, 토형에게 고민을 털어놓았다. 요즘 우리 레스토랑에 손님이 줄어서 엄마가 다른 일을 시작한 것, 그래서 엄마와 아빠의 사이가 멀어진 것, 우리 집에서 온기가 사라진 것……

"흐음, 그렇군. 그래서 저금통을 깨서 게임을 사려고 했던 거구나. 엄마와 아빠가 그런 상황이면 게임을 사 달라고 조를 수도 없으니까."

"나, 잘못한 거 아니지?"

"그건 인정할게. 스스로 모은 돈으로 게임을 사려고 한 점은 기특한 거니까. 하지만 도담아, 조금 더 노력해 보지 않을래? 이 집의 온기를 되찾기 위해서 말이야."

2. 폼 나는 부자가 될 거야!

"뭐? 내가 그런 걸 어떻게 해."

내 입으로 말하기는 좀 그렇지만 나는 아주 평범한 초등학교 5학년 학생이다. 키도 반에서 딱 중간이고, 공부도 운동도 보통이다. 그래서 반에서 눈에 띄지 않는 아이다. 그런 내가 우리 집의 온기를 되찾는다니! 할 수 있을 리 없다.

엄마와 아빠의 대화가 줄어든 것은 엄마가 슈퍼마켓에서 일하면서부터다. 그렇게 된 가장 큰 원인은 아빠가 운영하는 레스토랑의 매상이 줄어들어서다. 그렇다면 레스토랑에 손님이 늘어나면 문제는 바로 해결된다. 하지만 가게의 손님을 늘리다니, 내가 할 수 있는 일이 아니지 않은가.

그런 나약한 마음을 간파한 듯, 토형이 말했다.

"어린이가 레스토랑의 손님을 늘릴 수는 없지. 내 말은 그런 뜻이 아니야."

"그럼 내가 뭘 해야 되는데?"

"이 토형이 알려 주지. 그건 바로 돈에 강해지는 거야."

"뭐? 돈에 강해진다고?"

"맞아. 잘 들어, 도담아. 돈에 대해 확실하게 배워서, 돈에 강

한 어른이 되는 거야. 그건 엄마와 아빠가 네게 바라는 점이기도 해."

"그 말은 게임을 하지 말고 더 열심히 공부하라는 뜻이야?"

"하하하, 그건 아니야. 그런 꼰대 같은 소리는 하지 않을 테니 걱정하지 마. 솔직히 게임은 재미있는걸."

"다행이다. 게임은 해도 되는 거구나. 그런데 토형, 꼰대가 뭐야?"

"세상 물정도 모르면서 말만 많은 사람, 촌스러운 사람이야. 예를 들면, 잘 알지도 못하면서 말만 많은 선생님 있잖아?"

"있어! 우리 교감 선생님! 복도에서 조금만 뛰어도 '거기 학생, 뛰지 마!' 하고 화를 내시거든."

"너무하네. 복도에서는 모름지기 기운차게 달려야 하는 법인데. 그런 잔소리꾼 교감은 해치워 버려."

토형과 얘기하다 보니 울적했던 기분이 한결 나아졌다.

"게임을 하지 말라는 둥, 복도에서 뛰지 말라는 둥, 이거야 원, 숨이 막혀서 살 수나 있겠어?"

"맞아, 맞아!"

"난 융통성 없고 답답한 꼰대가 싫어. 뭐든지 폼 나게 해야지."

"폼 난다는 건 꼰대랑 반대로 멋지다는 뜻이겠구나! 생각해

보니 어떤 사람이 '형씨는 폼이 좀 나는걸.' 하면서 칭찬하는 걸 본 적이 있어!"

"그래, 바로 그거야. 알겠어? 너도 돈과 폼 나게 관계를 맺어야 해. 그 방법을 이 토형이 알려 주지."

"내가 돈에 대한 공부를 잘할 수 있을까?"

"당연하지! 나한테 맡겨만 둬!"

토형은 자신만만한 표정을 지었다.

"내가 알려 주는 '돈 공부'는 인생을 살면서 꼭 알아야 할 내용이야. 그만큼 가치가 있다고 할 수 있지."

"그런데 왜 어른들은 돈에 대해 중요하게 가르쳐 주지 않는 거야?"

"좋은 질문이야. 예전에는 돈에 대해서 입에 담거나 공부하는 일을 천하다고 여겼어."

"어라, 왜 돈에 관한 이야기를 하는 게 천하다고 생각한 건데?"

"옛날에는 맛있는 걸 먹고 싶다, 좋은 집에 살고 싶다, 부자가 되고 싶다, 이런 욕망을 가지는 걸 그리 바람직한 일이 아니라고 여겼어. 그래서 사람들은 돈에 관해 이야기하기를 꺼렸지. 그렇다 보니 선생님이나 부모님도 아이들에게 돈에 관한 이야기를 잘 하지 않아. 가르치고 싶어도 어떻게 가르쳐야 할지 모르고."

"흐음, 그런 거구나."

"하지만 시대가 변하면서 그런 생각도 조금씩 바뀌고 있어. 착실하게 돈에 관해 공부해서 부자가 되는 것이 오히려 폼 나는 일이라고 생각하는 사람도 늘어났지. 돈이 있으면 더 여유롭게 살 수 있거든. 그와 마찬가지로 예전에는 '남자는 바깥일을 하고 여자는 집안일을 한다.'는 것이 상식이었지만, 지금은 그렇지 않아."

"호오~ 그렇구나! 그렇다면 나도 부자가 되고 싶어. 그런 마음을 가져도 되는 거지?"

"물론이지! 그러니까 폼 나는 부자가 되어 보자고. 가난하면 일단 기분이 우울해지잖아."

"맞아! 우리 엄마랑 아빠처럼 돈이 없어서 사이가 나빠지는 건 최악인 셈이고."

"하하하, 그렇지. 게다가 대화도 나누지 않는다니, 정말 최악이지!"

전혀 우습지 않은 이야기지만, 나와 토형은 함께 큰 소리로 웃었다.

똑똑한 경제 상식 ①
엄마가 밖에서 일하면 안 되는 거야?

안녕, 여러분. 만나서 반가워!
나는 우사미라고 해! 귀엽지?
앞으로 '똑똑한 경제 상식'은 내가 담당할 거야. 잘 부탁해!

'엄마가 밖에서 일하는 것' 때문에 도담이의 부모님 사이가 나빠졌다지? 왜 그런지 알겠니?
부모님이 어렸을 적에는, 남자는 밖에서 일하고 여자는 집안일을 하는 것이 일반적이었어. '남자가 가족을 먹여 살린다.'라는 의식이 무척 강했어. 도담이 아빠도 마찬가지야. 엄마가 밖에서 일하게 되면서 자신이 가족을 먹여 살릴 수 없다는 생각에 주눅이 들고 기분이 나빠진 거지. 하지만 아빠가 기분 나빠할 필요는 전혀 없어. 가족을 먹여 살리는 건 아빠와 엄마 모두의 책임이니까. 밖에서 일하든 집안일을 하든, 아빠와 엄마가 의논해서 분담하면 될 문제거든.

23쪽 그래프를 살펴보자. 우리나라는 일하는 엄마들이 많아. 매년 점점 더 많아지고 있지. 여러분이 다니는 학교에도 남자 선생님과 여자 선생님이 모두 있지? 남자든 여자든 가계에 보탬이 되기 위해, 혹은 자신의 성장을 위해 일하는 것이 당연한 시대가 되었어. 지금은 무척 편리한 가전제품도 많이 나와서 예전보다는 집안일을 하는 시간도 줄었지. 일하고 싶은 사람이 일할 수 있는 세상이 된 거야. 정말 멋지지?

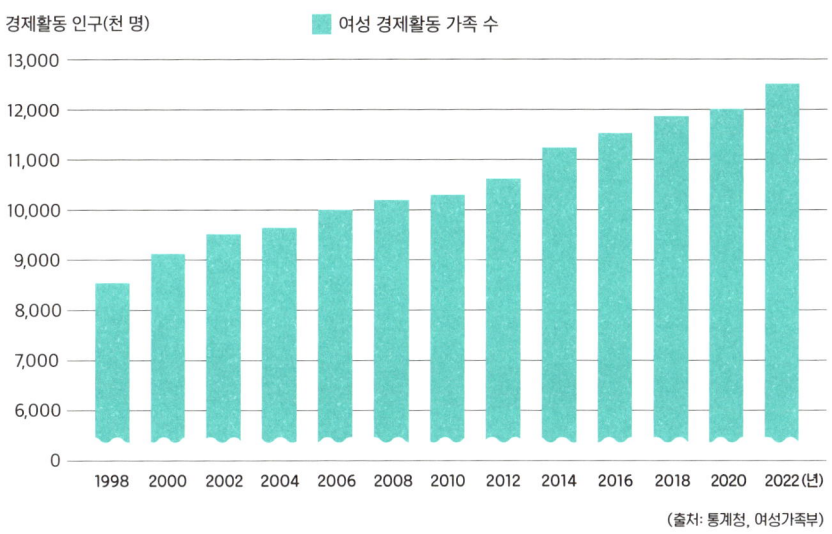

세상에는 '낡은 상식'이 많아. 우리는 그런 상식을 무심코 그대로 받아들이지. 세상에는 여성이 일하기는커녕 교육조차 마음대로 받을 수 없는 나라도 아직 존재해. 그런 건 많은 사람이 이상하다고 생각하고, 또 바꾸어야 한다고도 생각하지만, 예로부터 이어져 내려온 상식을 바꾸기란 생각보다 아주 어려운 일이야.
여러분은 꼭 기억해 두길 바라. 바꾸는 게 좋은 '낡은 상식'은 용기 있게 바꾸어야만 해. 그러기 위해서는 일단 한번 멈춰 서서 생각해 보는 자세가 필요해.

자, 이제부터 간식 먹을 시간이야.
뭐? 나는 너무 많이 먹으니까 그 습관은 바꾸는 게 좋겠다고?
무슨 소리야, 그런 말은 실례야.
이런 건 바꾸지 않아도 괜찮아. 절대 낡은 상식이 아니라고!

3. 돈의 기본은 '벌다'와 '쓰다'

돈 공부를 할 마음은 생겼지만 한 가지 걱정이 있었다.

"토형, 사실은 나…… 계산을 잘 못해. 그런데도 돈 공부를 할 수 있을까?"

"걱정 마. 이 토형만 믿으라고."

그래도 여전히 불안했다.

"못 믿겠다는 표정이네. 돈 공부에 어려운 계산 따위는 필요 없어. 외국에서는 도담이보다 어린아이도 돈 공부를 해. 그런 점에서 우리나라는 아직 뒤처져 있지."

"그럼 나도 용기를 내 볼까? 내가 돈에 강해지면 엄마도 안심할 수 있겠지?"

"물론이지. 어쩌면 네가 이 집을 위기에서 구할 수 있을지도 몰라."

"뭐? 그게 무슨 말이야?"

토형은 이 질문에는 대답하지 않은 채 싱글벙글 웃기만 했다.

"도담아, 종이랑 연필 좀 가져올래?"

토형은 종이에 무언가를 적으며 이야기를 계속했다.

"돈은 친구와 같아. 그러니까 소중하게 다뤄야 해. 그러지 않으면 도담이를 떠나 버리지. 하지만 소중하게 다룬다면 돈이 먼저 도담이에게 다가올 거야."

"정말 친구랑 똑같네."

"그런데 돈을 소중하게 대하려면 어떻게 해야 되는데?"

"우선, 부모님한테서 돈을 받으면 바로 지갑에 넣는 거야."

"그게 다야?"

"그게 모든 것의 시작이야. 엄마나 아빠가 돈을 주면 그 자리에서 바로 지갑에 넣어. '나중에 넣어야지.' 하고 내팽개쳐 두면 안 돼. 그러면 돈은 감기에 걸리고 말아. 돈은 아무렇게나 다뤄지는 걸 제일 싫어하거든."

"흐음, 돈도 감기에 걸리는구나."

"어릴 때 돈을 아무렇게나 다룬 사람은 어른이 되어서도 그 버릇이 남게 돼. '돈을 물 쓰듯 하다.'라는 속담이 있잖아? 세상에는 그런 어른이 의외로 많아. 그러니까 부모님께 돈을 받으면 바로 지갑에 넣는 습관을 들이도록 해. 이건 무척 중요한 일이야."

"알겠어!"

- 돈을 소중하게 다루자!
- 돈을 받으면 바로 지갑에 넣자.

자세를 고쳐 앉은 토형이 나를 바라봤다.

"다시 묻겠는데, 지금 너희 집은 가난해?"

"응, 아마 그럴 거야."

나는 지금까지 우리 집에 일어난 일을 차근차근 이야기했다. 엄마와 아빠는 돈이 없다는 이유로 때때로 말다툼을 하곤 했는데, 그때마다 엄마는 "이제 저축한 돈도 없어."라는 말을 자주 했다. 걱정이 된 나는 엄마가 가지고 있던 통장을 몰래 본 적이 있는데, 확실히 통장 잔고는 계속 줄어들고 있었다. 가게에서 돈을 벌지 못하니까 저금을 할 여유가 없었을 거다. 차마 용돈을 올려 달라고 말할 수도 없었다.

나는 그런 푸념 같은 이야기를 길게 늘어놓았다. 토형은 내 말 한마디 한마디에 고개를 끄덕이면서 진지하게 귀를 기울여 주었다.

"그렇군, 도담이의 마음은 잘 알겠어. 빨리 손을 쓰는 게 좋겠네."

"빨리 손을 쓴다고?"

"빙고! 자, 그럼 '돈 공부'를 시작해 볼까? 우선 도담이의 집이 가난해진 이유부터 알아야겠지."

토형은 종이에 무언가를 그리기 시작했다. '뭘까?' 하는 궁금한 표정으로 쳐다보는 나를 신경도 쓰지 않고, 흠흠 콧노래까지 흥얼거렸다. 이윽고 토형이 특이한 그림을 내 눈앞에 내밀었다.

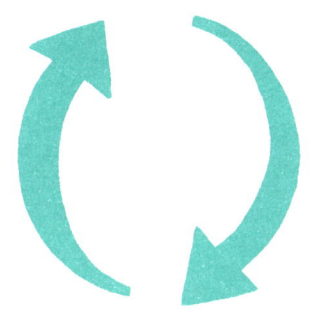

"이게 뭐야? 재활용 마크?"

"땡, 틀렸어! 이건 돈의 기본이야."

"응? 아무리 봐도 그냥 화살표인데."

"잘 들어. 이 두 개의 화살표는 '벌다'와 '쓰다'를 나타내는 거야. 왼쪽이 돈을 '벌다', 오른쪽이 돈을 '쓰다'야. 화살표가 위쪽을 가리키는 '벌다'는 돈이 늘어나는 것, 반대로 화살표가 아래쪽을 가리키는 '쓰다'는 돈이 줄어드는 것을 나타내지. 알겠어?"

"위쪽은 늘어나고 아래쪽은 줄어든다? 응, 알겠어."

"이걸로 기본은 끝이야. 이제 퀴즈를 풀어 볼까?"

"와, 퀴즈? 재미있겠다, 빨리 풀어 볼래!"

토형은 또 무언가를 그리기 시작했다.

"좋았어. 도담아, 이걸 봐! ①과 ② 중에 돈을 모을 수 있는 건 어느 쪽일까?"

"그건 간단하잖아, 당연히 ①이지!"

"딩동댕! 정답이야! 왜 그렇게 생각했어?"

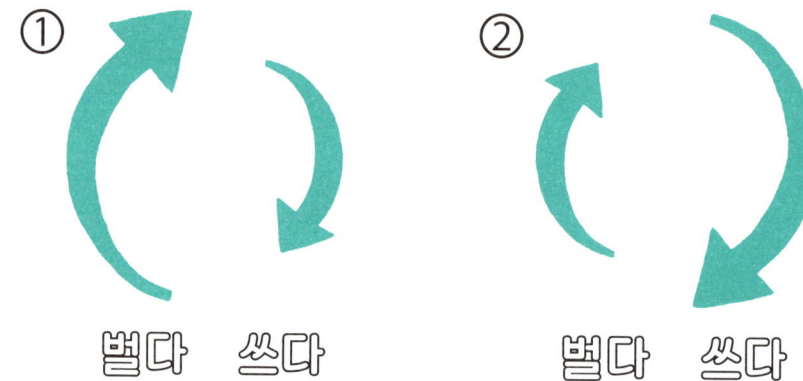

"그야 ①이 '벌다'가 크고 '쓰다'가 작으니까. 그게 더 좋은 거 잖아."

"맞아! ①은 돈이 잘 돌고 있는 거고, ②는 그렇지 않은 거야."

"응, 알 것 같아. ①이 더 좋은 거라는 건."

"이 '벌다'와 '쓰다'를 합쳐서 '돌다'라고 해. 봐, 이 그림에서도 화살표가 돌고 있잖아?"

"오, 확실히 돈이 빙글빙글 돌고 있어!"

"①처럼 돈이 돌면 저금이 늘어나고, ②처럼 돈이 돌면 줄어들어. 지금 도담이의 집은 안타깝지만 ②와 같은 상태야. 가게의 손님이 줄어서 '벌다'가 작아졌고, 따라서 저금이 줄게 된 거지."

"아, 그래서 엄마가 일하러 나가는 거구나! 이 퀴즈를 풀어 보니 알겠어. 그런데 토형, 돈 공부라는 건 별로 어렵지 않구나?"

"뭐든지 기본은 단순한 법이지. 그렇다고 얕보면 안 돼. 기본을 제대로 익혀야 더 많은 것을 배울 수 있거든. 이를테면 이 화살표의 그림을 이해하면, 회사나 국가의 돈까지도 이해할 수 있어."

"엥? 거짓말이지?"

"정말이야. 개인도, 사업도, 국가도, 돈의 기본은 다 똑같아. 방금 전에 배운 '벌다'와 '쓰다'가 바로 그거야. ①처럼 돈이 잘 돌면 저금이 늘어나고, ②처럼 되면 줄어들지."

"오호~ 어른들의 사업도, 국가도, 돈의 기본은 똑같구나! 놀라워!"

"그렇지? '벌다'와 '쓰다'로 '돌다', 이 기본을 이해해 두면 무척 도움이 될 거야. 몇 가지 구체적인 예를 알려 줄게. 도담아, 매달 용돈을 받으면 어디에 써?"

"으음, 과자를 사 먹거나 학용품을 사지."

"그럼 '벌다'가 부모님께 받은 용돈이고, '쓰다'가 과자와 학용품 값이야. 그게 도담이의 '돈의 흐름'인 셈이지."

"나는 ①처럼 돈이 잘 돌아서 저금까지 하고 있어!"

"잘하고 있어. 그럼 아빠의 가게 장사는 어떨까?"

"어디 보자……. 아빠의 '벌다'는 레스토랑 매상이겠지. 그럼 음식 재료나 조리 도구, 식기, 포장용품을 사는 게 '쓰다'일까?"

"맞았어. 레스토랑 매상이라는 '벌다'에서 음식 재료나 조리 도구, 식기, 포장용품이 '쓰다'로 빠져나가는 것이 아빠 가게의 돈의 흐름이야."

"그런데 가게 매상이 줄어드니까 엄마가 일해서 '벌다'를 채우려고 한 거네."

"맞아! 그것까지 이해했으니 마지막 설명으로 가도 되겠는걸? 바로 한국이라는 국가야. 국가에도 '벌다'와 '쓰다'가 있어. 국가의 '벌다'는 국민에게서 거둔 세금이야. 반면 '쓰다'는 학교, 경찰, 소방, 수도, 쓰레기 수거, 도로 건설 같은 공공 서비스 비용이지. 세금을 거둬들여서 공공 서비스를 운영한다, 그게 바로 국가의 돈 흐름이야."

"오, '벌다'와 '쓰다'는 정말 모든 것의 기본이구나!"

"여기부터가 중요해. 개인도, 가게도, 국가도 ①처럼 돈이 돌면 저금이 늘어나고, ②처럼 돌면 저금이 줄어들어. 이 그림에 표시된 둥근 '점'의 크기가 바로 저금의 크기야. 도담이는 ①과 같은 흐름이니까 저금이 늘어나고 있어. 하지만 아빠의 레스토랑은 ②와 같은 흐름이라서 저금이 줄어들었지. 한국이라는 국가도 지금 ②와 같은 상황이야."

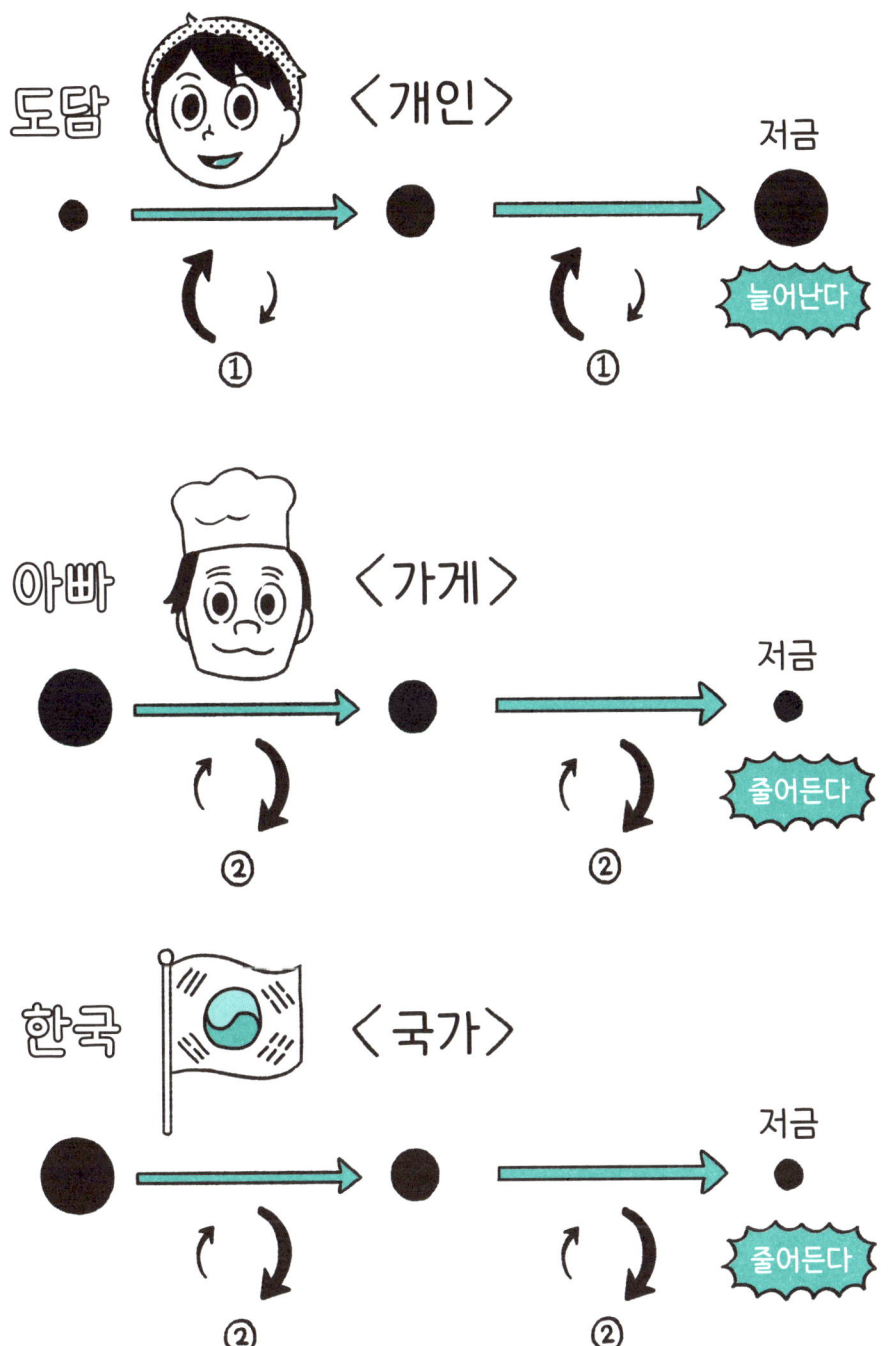

"그래? 한국에서는 돈이 잘 돌지 못하고 있는 거야?"

"안타깝게도 한국의 국가 재정은 ②처럼 저금을 탕진하고 있는 상황이야."

"헐, 그렇구나."

"그 문제는 제쳐 두고, 매달 ①처럼 돈이 돌면 저금이 늘어나고, ②처럼 돌면 저금이 줄어든다는 건 알겠지?"

"완벽하게 이해했습니다, 선생님!"

"좋아. 이 점과 화살표 그림을 꼭 기억해 두라고. 사실 이 점과 화살표를 계산해서 기록하는 것이 바로 장부야. 어린이인 도담이는 용돈 기입장을 쓰고, 어른인 엄마는 가계부를 쓰지? 장사를 하는 아빠는 결산서를 쓰고. 물론 국가도 결산서를 써. 이건 전부 '벌다'와 '쓰다'의 상태가 어떤지, 그리고 그 결과로 저금이 늘었는지, 아니면 줄었는지를 계산해서 표시하는 거야. 이런 계산이나 기록을 '회계'라고 해."

"회계는 왠지 어려운 말 같아."

"물론 그렇게 생각할 수도 있어. 하지만 용돈 기입장, 가계부, 결산서를 쓰는 것이 바로 회계의 기본이라는 걸 기억해 둬."

"알았어!"

똑똑한 경제 상식 ②
다른 나라의 친구들은 이미 돈 공부를 시작했다고?

다들 영국이라는 나라를 알고 있지? 여기서 아주 멀리 떨어진 유럽의 섬나라인데, 홍차가 맛있기로 유명해.
영국의 아이들은 어릴 때부터 돈 공부를 시작해. '어린이에게 돈 공부를 가르치는 건 너무 일러!'라는 사고방식을 '낡은 상식'으로 취급하고 이를 바꾼 거야. 미국에서도 또 다른 여러 나라에서도 '어린이에게 돈 공부를 시키자.'라는 사고방식이 조금씩 퍼지고 있어.
그리고 외국의 아이들은 주로 인터넷으로 '돈 공부'를 하고 있지. 오른쪽에 소개한 해외 사이트를 부모님과 함께 살펴봐! 무척 귀여우니까!
우리나라의 어린이들도 앞으로는 인터넷으로 돈 공부를 하게 될 거야. 실제로 국가가 그런 방안을 추진하고 있거든.
자, 이제 나는 맛있는 홍차와 제일 좋아하는 쿠키를 먹어야겠어! 이것도 영국에 대해, 돈에 대해 알아보기 위한 나만의 공부라고!

경제 교육에 도움이 되는 사이트
- 기획재정부 어린이 경제교실(kids.moef.go.kr)
- 어린이 국세청(kids.nts.go.kr)
- 금융감독원 e-금융교육센터(www.fss.or.kr/edu/main.jsp)

● 돈 공부 사이트

한국

기획재정부 어린이 경제교실

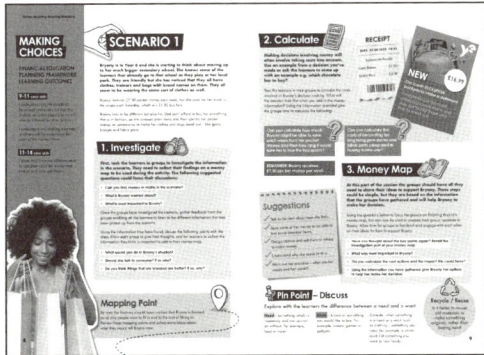

영국

Money Mapping

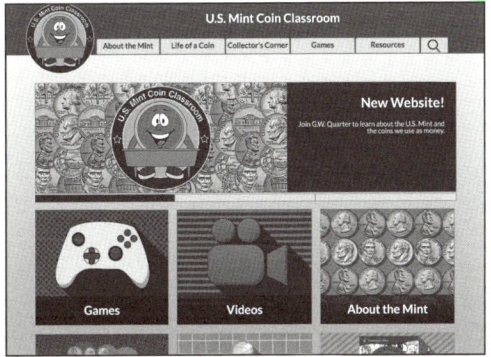

미국

United States Mint

4. 용돈 기입장은 돈과 나눈 우정의 기록

'벌다'를 늘리고 '쓰다'를 줄이면 돈이 잘 '돈다'.

"나, 어떻게 하면 가난에서 벗어날 수 있는지 이제 알겠어!"

"역시 잘 가르친 보람이 있군."

토형이 기쁜 표정을 지었다.

"이론은 간단해. '벌다'를 늘리고 '쓰다'를 줄이면 가난에서 벗어날 수 있다. 하지만 그걸 실행하기는 어려워."

"어째서?"

"자신의 돈 상태를 잘 알지 못하기 때문이야. 가계부를 써서 '벌다'와 '쓰다'를 기록하는 사람은 어른 중에도 그리 많지 않거든."

"우리 엄마도 가계부 쓰기가 귀찮아서 그만뒀다고 했어."

"가계부를 쓰지 않으면 '벌다'와 '쓰다'의 상태를 어렴풋이 알 수밖에 없어. 이 '어렴풋이'가 무척 위험해. 어렴풋이 돈이 있다고 생각해서 낭비를 하면 금세 수중에 있던 돈이 다 사라져서 없어지거든."

여기까지 들은 나는 한 가지 생각이 번뜩 떠올랐다.

"토형, 들어 봐. 나, 이제부터 용돈 기입장 쓸 거야. 용돈 기입

장은 어린이용 가계부잖아? 내가 먼저 시작하면 엄마도 다시 쓸 마음이 생기지 않을까?"

"대단한걸! 훌륭한 아이디어야! 그렇게 하면 도담이에게도 돈 공부가 되고, 분명 엄마도 가계부를 쓸 마음이 생길 거야. 일석이조란 바로 이런 걸 말하는 거지!"

잔뜩 칭찬을 받은 나는 갑자기 의욕이 솟구쳤다.

"응, 한번 해 볼게. 토형, 용돈 기입장 쓰는 법을 가르쳐 줘!"

"좋았어, 맡겨만 둬! 가계부나 용돈 기입장을 쓰는 건 '벌다'와 '쓰다'의 상태를 알기 위해서야. 그건 다시 말해, 돈에게 '너에 대해서 알고 싶어.' 하고 관심을 가지는 일이지. 친구를 사귈 때도 '너에 대해서 알고 싶어.'라는 마음가짐으로 다가가야 친해질 수 있잖아? 돈과 사이좋게 지내고 싶다면 알고 싶다는 마음을 가지는 것이 무척 중요해."

"그렇구나. 친구도 돈도, 우선 상대방에게 관심을 가지는 것이 중요하구나."

"마음만 먹으면 용돈 기입장을 쓰는 건 어렵지 않아. 지금까

- 돈에 관심을 갖자!
- 용돈 기입장을 착실하게 쓰자.

지 얘기한 '벌다'와 '쓰다'를 그대로 기록하기만 하면 되거든. 부모님께 용돈을 받아서 돈이 늘어나면 '수입(들어온 돈)'에 기록하고, 간식 등을 사서 돈이 줄어들면 '지출(나간 돈)'에 기록하는 거야. 그렇지만 그건 단순한 기록이 아니야. 바로 너와 돈의 '우정의 기록'이지. 그러니까 '수입'에 기록할 때는 '내게 와 줘서 고마워.'라는 감사한 마음을 갖고, '지출'에 기록할 때는 '잘 가, 또 만나자.' 하는 마음으로 배웅하도록 해. 그러면 돈과 사이좋은 친구가 될 수 있어. 아마 돈이 먼저 도담이의 곁으로 다시 찾아와 줄걸?"

"오호~ 그렇구나! 돈도 친구인 거구나!"

지금까지 돈이 친구라는 생각은 단 한 번도 해 본 적이 없었다. 하지만 돈을 친구라고 생각하면 왠지 용돈 기입장을 쓰는 것도 귀찮지 않을 것 같다.

"어때, 점점 용돈 기입장을 쓰고 싶은 마음이 들지?"

"응, 의욕이 샘솟고 있어!"

"아주 좋아. 자, 그렇다면 도담이에게 선물을 하나 할까? 처음에 나를 램프의 요정이라고 생각했잖아? 그 녀석보다 훨씬 가치 있는 것을 줄게."

'그래, 역시 이런 순간엔 선물을 받아야 제맛이지! 램프의 요

정보다 훨씬 좋은 거라니, 대체 뭘까?'

나는 숨을 죽인 채 두근거리는 마음으로 기다렸다.

"짜잔, 이거야! 토형표 특별 용돈 기입장. 어때, 멋지지?"

토형이 내민 것은 그냥 평범한 용돈 기입장이었다. 게다가 토형의 얼굴이 표지에 떡하니 박혀 있었다. 하나도 멋있지 않았다.

실망한 표정의 나를 보며 토형이 중얼거렸다.

"뭐야, 기쁘지 않은가 보네."

"그, 그런 거 아니야. 잘 쓸게."

나는 마음에도 없는 감사 인사를 했다.

"그렇다면 다행이지만……. 뭐, 됐어. 도담이는 아직 용돈 기입장의 가치를 모를 테니까. 어쩌면 이 용돈 기입장은 기적을 일으킬지도 모른다고. 그런 순간이 오기를 기대하도록 해. 쓰는 법을 모르겠으면 이 토형에게 언제든 물어보고."

"으, 응, 알겠어. 고마워."

나는 시무룩한 표정을 애써 숨기고 토형이 준 용돈 기입장을 받았다.

내 앞에 갑작스럽게 나타난 토형과의 만남. 그리고 선물로 받은 용돈 기입장…… 그런데 하나도 멋있지 않은 디자인. 아차차, 이건 비밀이지. 아무튼 이게 우리의 첫 만남이었다.

저금통에서 갑자기 튀어나온 입이 거친 토끼. 그런 토형에게 고민을 털어놓다니! 나 스스로도 믿을 수가 없다.

솔직히 말하면, 나는 엄마 아빠와도 이런 식으로 이야기를 나누고 싶었다. 하지만 두 분은 요새 사이가 좋지 않아서 거의 대화를 나누지 않는다. 심지어 아빠는 나한테 "내일은 엄마가 일 나가는 날이니?"라고 슬쩍 물어본다. 직접 물어보면 될 텐데, 왜 그러는지 모르겠다.

썰렁한 집안 분위기에 계속 우울했는데, 오늘은 토형이 내 이야기를 들어 주어서 한결 기분이 좋았다. 왠지 모르게 토형과 함께 있으면 따뜻하고 편안했다. 대체 그 이유가 뭘까?

앞으로 토형에게 돈 공부를 배우기로 한 만큼 힘내서 따라가 보자. 파이팅!

똑똑한 경제 상식 ③
용돈 기입장 쓰는 법을 알려 줄게

용돈 기입장 쓰는 법을 알고 싶다고? 좋은 마음가짐이야. 물론 알려 줘야지! 나, 우사미에게 맡겨 줘!

우선 지갑 안에 지금 얼마나 들어 있는지 확인해 봐. 3,000원이구나.
그럼 오른쪽 위의 '남은 돈'에 '3,000원'이라고 적어. 이제부터 시작이야!
자, 과연 돈이 늘어날까, 아니면 줄어들까? 어떻게 될 것 같아?

날짜	내용	들어온 돈	나간 돈	남은 돈
4월 1일	시작			3,000원

용돈을 받으면 '들어온 돈'에, 물건을 사면 '나간 돈'에 기록하면 돼.
나중에 하겠다고 미루지 말고 바로바로 기록하는 것이 중요해.

날짜	내용	들어온 돈	나간 돈	남은 돈
4월 1일	시작			3,000원
4월 1일	용돈	5,000원		8,000원
4월 12일	과자		1,000원	7,000원
4월 26일	문구		2,000원	5,000원
4월 28일	장난감		1,000원	4,000원
	합계	5,000원	4,000원	

한 달이 끝나면 그달에 '들어온 돈'과 '나간 돈'을 합산해 봐.
즉 '들어온 돈'은 5,000원이고 '나간 돈'은 1,000원+2,000원+1,000원=4,000원이네.
'들어온 돈'이 '나간 돈'의 합계보다 1,000원 더 많아. 그러니까 원래 가지고 있던 돈 3,000원이 월말에는 1,000원 늘어서 4,000원이 된 거야.

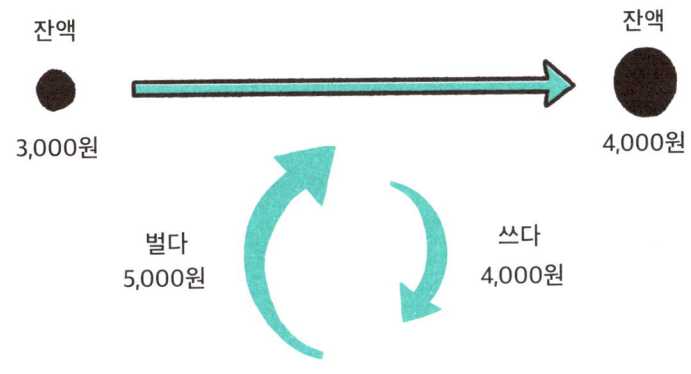

이것 봐, 용돈 기입장도 점과 화살표의 관계로 설명할 수 있지?
이 '점과 화살표'는 어린이의 용돈에서든, 어른의 사업에서든, 국가의 돈에서든 모두 마찬가지야.
돈 관리는 '벌어들인 범위 안에서 쓰는 것'이 기본이야. 그러면 '잔액이 늘어난다= 돈이 쌓인다'가 되는 거야. 여러분도 돈을 잘 관리해서 착실하게 저금을 불려 봐! 모아 둔 돈이 많다고 과자를 너무 많이 사면 안 되는 거 알지? 나도 조심할게!

용돈 기입장 쓰는 법

1. 지금 가지고 있는 돈을 '남은 돈'에 기록하기
2. 용돈을 받으면 '들어온 돈'에, 물건을 사면 '나간 돈'에 기록하기
3. 한 달이 끝나면 '들어온 돈'과 '나간 돈'의 결과를 '남은 돈'에 기록하기

2

돈을 떠나보낼 때는 똑똑한 '소비'하기

토형이 엄마의 쇼핑 습관을 지적하다!

1. '사게 만드는 작전'에 주의하자!

　엄마랑 장을 보고 집으로 돌아와 내 방문을 열자, "욥!" 하는 기운찬 목소리가 들려왔다. 토형이다.

　나도 덩달아 "욥!" 하고 한 손을 흔들었다. 우리 둘, 마치 형제 같았다. 그런데 토형이 뭘 먹고 있는 것 같았다.

　"뭐 먹어?"

　"아, 이거 말이군. 내가 제일 좋아하는 젤리야."

　토형이 손에 든 과자를 흔들었다.

　나는 무심코 풋 하고 웃음을 터뜨렸다.

　"당근이 아니네."

　"당근 따위, 맛없어서 싫어. 역시 젤리지. 이 중독적인 식감. 특히 콜라 맛 젤리가 최고야."

　난 또다시 웃음을 터뜨렸다. 토끼가 당근을 싫어하다니! 참으로 이상했다.

　"그런데 엄마랑 뭘 사러 갔던 거야?"

　"옆 동네 슈퍼마켓에서 '포인트 10배' 행사를 해서 갔다 왔어."

　"흐음, 포인트 10배라……."

갑자기 토형의 표정이 어두워졌다.

"그러니까 돈이 모이지 않는 거야."

'어라, 잠깐만! 포인트는 돈이랑 똑같잖아? 게다가 10배라면 훨씬 이득 아닌가?'

젤리 봉지를 정성스럽게 정리한 뒤, 토형이 말했다.

"하는 수 없지. 이참에 제대로 가르쳐 줘야겠군. 이것도 중요한 돈 공부니까."

"네! 잘 부탁드립니다, 선생님."

나는 왜 포인트를 쌓는 것이 좋지 않은지, 그 이유가 궁금했다.

"엄마는 포인트 카드를 많이 가지고 있어?"

"응, 지갑이 빵빵할 정도로 가지고 있어. 스마트폰에도 들어 있고."

"가계부는 안 쓰면서 포인트나 좋아하다니, 제일 저축을 못 하는 타입이네."

"어째서?"

"포인트를 쌓으려고 쓸데없는 낭비를 하기 때문이야. 그런데 정작 본인은 그런 사실을 모르지. 그저 '포인트가 잔뜩 쌓였다!'라면서 만족하는 거지."

"아아, 그런 말이구나."

확실히 오늘 엄마는 그 슈퍼마켓에서 엄청나게 많이 사긴 했다.

"포인트 '10배'라고 하면, '우아~ 엄청나다!' 하는 생각이 먼저 들잖아. 그게 함정인 거야. 낭비하게 만드는 함정! 포인트는 애당초 조금밖에 쌓이지 않아. 엄마가 자주 가는 마트도, 십만 원어치 물건을 사면 포인트는 고작 오백 원어치밖에 쌓이지 않는다고."

"애개, 그것밖에 안 돼?"

"그렇다니까? 그걸 10배로 쌓아 준다고 해도, 십만 원어치 사 봤자 포인트는 겨우 오천 원이야. 생각보다 적지. 그런데 일부러 차를 타고 그곳까지 찾아가다니 정말 어처구니없는 일이야. 기름값이 더 많이 나오겠다."

"아, 그렇구나."

"포인트가 얼마나 쌓일지를 차분하게 계산해 보면 알 수 있는데, 다들 그러지 않지. 그러니까 함정에 빠지는 거야. 코딱지만 한 포인트를 쌓으려고 십만 원을 낭비할 바에야, 그냥 오천 원짜리 물건 하나를 사지 않고 참는 게 훨씬 효과적이야."

"으음~."

신음하는 나를 보며 토형은 말을 이었다.

"포인트가 다 나쁘다는 게 아니야. 정말 필요한 것을 살 때, 포인트를 많이 쌓아 주는 가게에서 사는 건 현명한 선택이지. 하지만 포인트를 목적으로 낭비를 하면 안 돼. 포인트에 눈이 멀어서 돈을 쓸데없이 잃으면 안 되니까. 그 점을 기억해 두도록 해."

"응, 잘 알겠어. 그런데 토형, 요즘은 여러 가게에서 포인트 행사를 하잖아? 포인트가 낭비를 하게 만드는 함정이라면, 그건 나쁜 거지? 범죄 아니야?"

"범죄는 아니야. 포인트를 주는 건 고객이 지갑을 열게 만드는 가게 측의 노력이니까. 그걸 탓할 순 없어. 고객인 우리가 낭비를 하지 않도록 마음을 다잡을 수밖에."

"왜 가게는 그렇게까지 해서 물건을 팔려고 하는 건데?"

"가만히 있으면 안 팔리니까. 혹시 '잉여'라는 말 들어 봤어?"

"잉여? 들어 본 것 같기도 하고, 아닌 것 같기도 하고……."

"이를테면 텔레비전이나 자동차는 예전에는 부자만 살 수 있는 고급품이었어. 하지만 점점 값이 저렴해지면서 이제는 누구나 살 수 있게 되었지. 생각해 봐. 집에 텔레비전이나 자동차가 있는 건 요즘은 아주 평범한 일이잖아? 세상에 여러 가지 물건이 등장하면서 오히려 남아돌기 시작했는데, 그게 잉여야. 이렇게 되면 고객은 물건을 잘 사지 않아. 그러니까 가게는 이런저런 수단을 써서 고객이 물건을 사게끔 만드는 거야. 지금은 대부분의 가게가 '사게 만드는 작전'에 대해 연구하고 있어. 그중 하나가 바로 포인트 행사지."

"혹시 포인트 행사 말고도 사게 만드는 작전이 또 있어?"

"아주 많지. 텔레비전 광고 같은 것도 조심하는 게 좋아. 정말이지 감탄이 나올 정도로 마음을 빼앗거든. 또 텔레비전 홈쇼핑 방송도 예로 들 수 있어. '지금만 이 가격!'이라든가 '100개 한정입니다!'라면서 빠른 말투로 물건을 서둘러 팔아 치우지. 그걸 보고 있으면 무심코 사 버리게 된다니까."

"맞아, 아빠도 종종 텔레비전을 보면서 물건을 주문했어!"

"어쩜 부부가 낭비하는 점에서만 찰떡궁합이라니, 기가 막히네."

"그러게."

우리는 서로 마주 보며 크크큭 하고 웃었다.

"아무리 그래도 이 가게 저 가게마다 사게 만드는 작전의 함정이 도사리고 있다니, 무서운 일이야."

"가게는 사게 만드는 작전을 연구함으로써 점점 발전하고 있어. 하지만 고객 쪽은 가계부조차 쓰지 않으니, 이래서야 당할 수밖에 없잖아. 그러니까 조심해야겠지? 아, 하지만 젤리라면 잔뜩 사도 돼. 이 토형이 다 먹어 줄 테니까."

"그건 안 돼!"

똑똑한 경제 상식 ④
스트레스 따위 해치워 버려!

여러분, 들어 봐!
내 SNS에 누군가가 기분 나쁜 댓글을 달았지 뭐야! 너무 화가 났어. 스마트폰은 편리하지만, 스트레스를 쉽게 받는다는 점은 별로인 것 같아.

그렇다고 계속 끙해 있을 수만은 없지. 여러분도 스트레스를 받으면 그걸 잘 해소해야 해. 설문조사에 따르면, 어른들은 수다를 떨거나 맛있는 음식을 먹는 것으로 스트레스를 해소한다고 해. 나도 잘 알지, 그 마음.

스트레스 해소법에는 여러 가지가 있는데, 쇼핑으로 스트레스를 날려 버리는 사람도 있어. 어쩌면 도담이의 엄마가 쇼핑을 좋아하는 것도 그 때문인지 몰라. 하지만 조심하는 게 좋아. 왜냐하면, 가게마다 '사게 만드는 작전'의 함정이 도사리고 있거든.

이를테면 관광지의 기념품 가게에서 '여기서밖에 살 수 없다.'라는 말을 들어 본 적 있니? 그리고 '오늘만'이라든가 '100개 한정'이라고 적힌 광고도 자주 눈에 띄지?

이런 한정 물품을 보면 '당장 사야 해!' 같은 초조한 마음이 드는 법이야. 파는 사람들은 그런 인간의 심리를 잘 알고 있지.

고도로 발달한 '사게 만드는 작전'은 그 밖에도 많아. 내가 좋아하는 감자칩, 요즘 들어 양이 적어진 것 같지 않니?

또 아이스크림 크기가 작아지거나, 슬라이스 치즈의 장수가 줄어들기도 해. 같은 값에 내용물이 줄어들었으니, 가격이 오른 셈이야.

이건 내용물의 양을 줄임으로써 '은근슬쩍 가격 인상'을 하는 수법이지. 만일 가격을 올리면 비싸졌다는 걸 바로 알 수 있지만, 가격은 그대로 두고 내용물만 줄이는 '은근슬쩍 가격 인상'을 하면 다들 그 사실을 모르는 채로 사게 돼. 네가 좋아하는 빼빼로도 잘 세어 봐. 18개 들어 있던 게 어느 날 17개로 줄어들지도 모르니까.

요즘에는 이런 '사게 만드는 작전'에 대한 연구가 점점 진행되고 있어. 그러니까 쇼핑으로 스트레스를 해소하는 건 조심해야 해(이건 행동경제학이라는 새로운 연구 분야야. 나중에 공부해 보렴.)!

우사미의 스트레스 해소법은 역시 수다랑 맛있는 음식 먹기야. 친구들과 수다를 떠는 건 정말 즐겁지! 앞으로도 우사미의 '똑똑한 경제 상식'은 계속되니까, 다들 수다 떠는 기분으로 재미있게 읽어 줘! 그러지 않으면 나, 스트레스를 받아서 과식하게 될지도 몰라!

경제생활을 잘하기 위한 비법

우리는 매일 소비하는 삶을 살고 있어. 편의점에서 '1+1'이나 '2+1'을 보면 마음이 흔들리지. 왠지 1개를 더 얻어서 이득인 것 같거든. 그런데 '1+1'이라는 문구 때문에 사실 처음에는 구매할 생각도 없었는데 어느새 지갑을 열고 있지. 이걸 미끼 상품이라고 해. 미끼 상품에 현혹되지 말고 합리적인 소비를 하는 여러분이 되길 바라.

2. 돈을 소중하게 생각하며 쓰자

"세상에 이렇게나 사게 만드는 작전이 많다니, 좀 무서운걸."

"그런 세상이니만큼 기본이 중요해. 도담아, 요전에 돈이 '돈다'는 것을 가르쳐 줬지? 기억나?"

"응, '벌다'와 '쓰다'로 '돌다'잖아. 잘 기억하고 있어!"

"좋아. 돈을 잘 돌게 하는 기본은 '번 범위 안에서 쓰기'야. 그렇게 돈이 돌아야 '돈 관리가 잘된다'고 할 수 있지."

"아, 그 말 들어 본 적 있어! 엄마는 돈 관리가 힘들다고 투덜댔거든."

"돈 관리를 잘하려면 낭비하는 습관부터 고쳐야 해. 도담이의 이야기를 들어 보니 엄마랑 아빠는 낭비가 심해. 가게 손님이 줄어서 수입이 줄었다면 지출도 줄여야 하는데 말이야."

"어떻게 하면 낭비하는 습관을 고칠 수 있을까?"

"좋은 방법이 있지. 그건 돈의 현실을 아는 거야. 그러기 위해서 엄마는 다시 가계부를 쓰는 편이 좋아. 그러면 어디에 돈을 많이 쓰고 있는지 쉽게 알 수 있거든. 하지만 현실을 아는 건 두려운 일이야. 게다가 낭비하는 사람일수록 현실에서 눈을 돌리고 싶어 하지."

벌다 > 쓰다
돈 관리 = 번 범위 안에서 쓰기

"그건 마치 뚱뚱한 사람이 체중계에 올라가지 않으려는 것과 같은 건가?"

"오, 예리한걸! 잘 이해했군. 그것과 비슷해. 잠깐만, 그 뚱뚱한 사람이라는 건 혹시……."

"응, 우리 엄마야."

"이런."

토형은 이마에 손을 짚고 '아차' 하는 표정을 지었다.

"엄마는 '모르는 편이 행복할 때도 있는 거야.'라고 했어."

"그건 '보고도 못 본 척'이라고 하는 거야. 엄마도 참."

토형은 어이없다는 듯 크게 웃음을 터뜨렸다. 나도 함께 웃었다.

이날 난 토형이 점점 가깝게 느껴졌다. 마치 없던 형이 생긴 기분이었다.

"도담이는 지난번 내가 준 용돈 기입장, 잘 쓰고 있어?"

"응! 잘 쓰고 있어!"

나는 책상 서랍에서 용돈 기입장을 꺼내어 펼쳐 보였다.

"대단해. 돈과 나눈 우정의 기록을 착실하게 적어 나가고 있군. 어때, 용돈 기입장을 써 본 소감은?"

"생각보다 쉽더라고. 게다가 그냥 기록이 아니라 우정의 기록이라고 생각하니까 꽤 즐거워."

"흠흠, 용돈의 범위 안에서 잘 관리하고 있네. 돈을 소중하게 쓰고 있다니, 참 대견한걸. 돈도 자신을 대충 취급하는 사람 곁에는 '다시는 안 갈 거야.'라고 생각하거든. 돈이 기분 좋게 여행을 떠날 수 있도록 우정의 마음으로 소중하게 쓰다 보면, 언젠가는 꼭 다시 돌아와 줄 거야. 이건 거짓말이 아니야."

"진짜 친구를 사귀는 것과 똑같은 거지?"

"바로 그거야. 친구와 돈은 정성으로 대해야 해. 그러려면 우선 돈을 낭비하지 말고 '번 범위 안에서 쓰기'를 꼭 명심하도록! 어른이 되면 번 돈보다 많이 쓰는 경우도 있지만, 그건 어디까지나 예외야. 지금 도담이가 하는 방식이 기본이지."

돈 관리를 잘했다고 칭찬을 받으니 약간 으쓱해졌다. 하지만 한 가지 걸리는 점이 있다.

"저기, 친구한테 먹을 것을 사 주는 것도 돈을 소중하게 쓴 걸까?"

"도담아, 사 달라는 친구가 있는 거야?"

"응."

토형이 단호하게 대답했다.

"친구한테는 함부로 사 주지 않는 게 좋아. 아직 돈에 대한 개념이 없는 어린이의 경우 친구에게 먹을 것을 사 주거나 또는 얻어먹으면 문제가 생기기 쉬워. 그러면 돈도 친구도 다 잃게 되지. 사 주거나 얻어먹는 건 스스로 돈을 버는 어른이 된 다음에 해도 늦지 않아. 지금은 안 돼!"

"네, 알겠습니다."

어른이 되기 전까지는 친구한테 사 주지 않기. 앞으로는 조심해야겠다.

- 돈은 잘 관리하자.
- 친구에게 함부로 사 주지 말자.

3. 괴물 캐시리스의 등장

"도담아, 이제 용돈 기입장을 쓰는 의미를 알겠지?"

"응, 돈이 잘 돌고 있는지 관리하고 확인하기 위해서!"

"맞아, 용돈 기입장은 돈이 들어오고 나가는 걸 기록하기 위한 연습이야. 익숙해진 뒤에는 아주 자세하게 기록하지 않아도 머릿속에서 대체적인 흐름을 파악할 수 있게 되지. 그러면 돈을 관리하기가 무척 편해져."

"암산으로 계산하는 것처럼?"

"그렇지. 돈의 암산인 셈이야. 앞으로는 그게 점점 더 중요해질 거야."

"왜?"

"전 세계적으로 점점 캐시리스가 진행되고 있으니까."

토형은 자리에서 일어선 다음 천천히 창가로 걸어가 나를 향해 손짓했다.

"이리 와서 바깥을 봐. 지금 마을 여기저기에서도 캐시리스가 진행되고 있어. 저쪽 모퉁이를 돌면 편의점이 있지? 거기서 삑 하고 스마트폰으로 결제하는 사람, 본 적 없어?"

"아, 여러 번 봤어."

"레스토랑에서도 현금보다 신용 카드 결제를 더 많이 할 거야. 지하철이나 버스를 탈 때도 표를 사는 대신 교통 카드를 충전해서 삑 하고 단말기에 댄 다음 통과하지? 그게 다 캐시리스야."

"흐음, 그렇다면 캐시리스란 지폐나 동전이 필요 없다는 뜻인 거야?"

"맞아, 캐시리스는 '현금을 이용하지 않는다.'라는 뜻이야. 지금 온 마을에서 '캐시리스 결제'가 진행되고 있어."

"아, 어떤 중학생 형이 스마트폰 전자화폐를 쓰는 걸 봤는데, 그것도 캐시리스인가?"

"전자화폐도 캐시리스의 일종이야. 중학생이나 고등학생이 돼서 스마트폰을 갖게 되면 전자화폐를 쓸 일이 늘어나지."

"캐시리스는 지폐나 동전을 꺼내지 않아도 되니까 참 편리한 것 같아."

"그 편리함이 무서운 거야. 신용 카드나 전자화폐 결제는 지갑에서 현금이 빠져나가지 않잖아? 그래서 '돈을 냈다.'라고 실감하기 어려워. 삑 하고 갖다 대기만 하니까 돈을 썼다는 기분이 들지 않는 거야. 그래서 대부분 무심코 낭비를 하게 되지."

"그렇구나. 그렇다면 캐시리스도 사게 만드는 작전의 하나인 거네."

"그렇다고도 볼 수 있지. 캐시리스 결제는 결코 공짜가 아니야. 당장은 돈이 나가지 않아도 나중에 한꺼번에 지불해야만 해. 그러니까 후불 결제지. 하지만 그 점을 다들 무심코 잊어버려."

'그렇구나. 캐시리스는 공짜가 아니라 후불이다. 이 점을 잊지 말고 기억해 둬야지.'

토형이 진지한 표정으로 말을 이었다.

"캐시리스는 정말이지 상대하기 힘든 괴물 같은 존재야. 엄청난 강적이니까 절대로 방심하면 안 돼."

"오오, 괴물 캐시리스! 왠지 강해 보이는걸."

"캐시리스가 마을에 나타나면 어른들도 가계부를 쓸 마음이 사라지게 돼. 그래서 엄마도 그만둬 버린 거야."

"캐시리스가 나타나면 왜 가계부를 쓸 마음이 사라지는데?"

"쉽게 말하면 돈이 있는 곳을 알 수 없게 되거든. 캐시리스 괴물의 필살기는 '눈속임 광선'이야."

"와, 왠지 무시무시해 보이는 기술이네."

"도담아, 네 지갑을 가져와 봐."

갑작스러웠지만 나는 지갑을 가져와서 토형에게 내밀었다.

"이 지갑에는 현금, 즉 지폐와 동전이 들어 있지. 그 밖에 예금이라는 돈이 있다는 거 알아?"

"알아. 통장의 예금 말이지? 나도 내 통장을 가지고 있어."

"예금은 캐시리스의 알맞은 보기야. 돈이 은행이라는 별장에 가 있는 것이지. 만약 지폐를 집에 두면 도둑이 훔쳐 갈지도 모르고, 불이 나면 타 버릴지도 몰라. 그러면 돈이 걱정돼서 계속 불안할 거야."

"그래서 돈을 은행에 맡기는 거지?"

"맞아, 예금을 하면 돈을 도둑맞을 걱정 없이 안전하게 보관할 수 있거든. 하지만 그러면 돈이 여기저기 별장으로 흩어지게 돼. 그러면 어느 별장에 돈이 얼마나 있는지 잘 알 수 없게 되지."

"그래서 돈이 있는 곳을 알 수 없게 된다는 거구나!"

"응, 게다가 예금 통장에 수시로 돈을 넣거나 빼기도 하잖아. 그러면 수입과 지출의 상태를 기록하기 어려워져서 다들 가계부 쓰기를 그만둬 버리는 거지."

"자기 돈이 어디에 얼마나 있는지 몰라서야 곤란하겠네. 캐시리스는 정말 만만치 않구나!"

"그렇다니까. 눈속임 광선에 당하지 않으려면 이렇게 생각해야 해. 도담이가 가지고 있는 이 '작은 지갑'에 별장의 예금을 합친 것이 '큰 지갑'이야. 부자인지 가난뱅이인지는 큰 지갑의 상태로 결정돼."

"그렇구나. 큰 지갑에는 예금도 들어가는구나."

"아직 끝이 아니야. 지금 마을 안에 신용 카드와 전자화폐가 차츰차츰 등장하고 있어. 이건 지갑이 더더욱 커진다는 뜻이야. 방금 말한 두 개의 지갑 말고도 '엄청 큰 지갑'이 등장하는 거지."

"오, 그럼 지갑이 세 개가 되는 거야?"

"응, 앞으로 캐시리스가 더 진행되면 '엄청 큰 지갑'의 시대가 올 거야. 거기엔 지폐와 동전 외에도 예금 그리고 충전한 돈과 스마트폰의 전자화폐 등이 들어가지."

"으악, 헷갈릴 것 같아!"

"그렇지? 앞으로는 세 개의 지갑 여기저기에 돈이 들어가고, 또 여기저기로 나가게 돼. 돈이 한 지갑에서 다른 지갑으로 복잡하게 이동하지. 이걸 기록하는 건 어려운 일이야."

"그렇게 되면 낭비의 위험이 높아지겠네. 게다가 용돈 기입장을 쓰기도 무척 귀찮을 것 같아……. 왜 엄마가 가계부 쓰기를 그만뒀는지 알겠어."

"캐시리스는 더욱 엄청난 속도로 진행될 거야. 멍하니 있다가는 돈 관리에 실패하게 되겠지."

그렇게 될 거라 생각하니 진짜로 캐시리스가 괴물처럼 느껴졌다.

'캐시리스는 편리하지만 돈을 관리하기는 어렵구나.'

돈이 점점 불어나는
돈돈 퀴즈 1

여러분, 돈 공부는 잘하고 있니? 이제부터 우사미가 돈에 관한 퀴즈를 내려고 해!

문제: 옛날 중국에서 '돈'으로 사용되었던 것은 무엇일까?

① 강아지   ② 조개   ③ 만두

어때? 정답이 뭔지 알겠어? 답은 '② 조개'야.

아주 옛날 중국에서는 조개껍데기가 돈으로 사용되었어. 그래서 돈과 관련된 한자에는 '조개 패貝' 자가 들어간 것이 많아. 금화金貨, 저금貯金, 매매賣買……. 봐, 전부 '조개 패' 자가 들어가지?
예쁜 조개껍데기가 돈으로 사용되었다니, 너무 멋져! 우사미라면 쓰기 아까워서 다 저금했을 텐데. 강아지나 만두가 돈이 아니라서 다행이지 뭐야. 왜냐하면 강아지는 도망쳐 버릴 테고, 만두라면 홀랑 다 먹어 버렸을 테니까!

돈이 점점 불어나는 돈돈 퀴즈 2

문제: 다음 중 정말 있는 세금은 무엇일까?

① 감자칩세　② 공기세　③ 방귀세

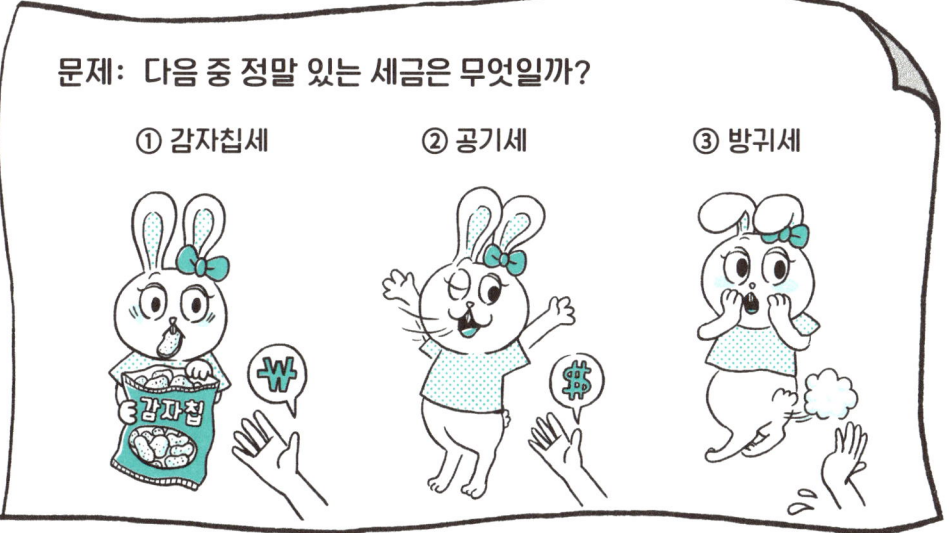

이번 문제의 정답은…… '① 감자칩세'야!

감자칩에 세금이 붙다니, 우사미도 깜짝 놀랐지 뭐야. 감자칩에 세금을 물리는 나라는 바로 헝가리야. 비만이 국민 건강에 심각한 문제가 되어서 살찌는 음식을 많이 먹지 않도록 감자칩세를 도입하게 되었대.
공기세는 옛날에 프랑스에서 검토된 적이 있어. 프랑스의 공기를 마신 국민은 세금을 내라니, 말도 안 되는 소리지. 물론 실현되지는 않았지만.
방귀세는…… 장난으로 넣어 봤어. 이런 게 있다면 다들 곤란하겠지?

똑똑한 경제 상식 ⑤
캐시리스 때문에
엉엉 울었다고?

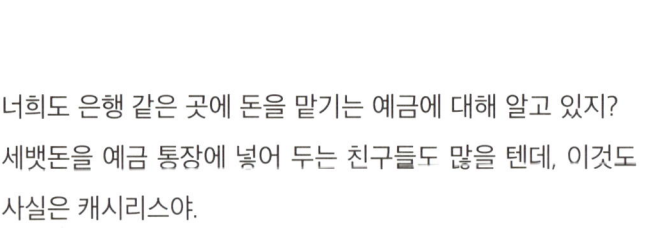

너희도 은행 같은 곳에 돈을 맡기는 예금에 대해 알고 있지?
세뱃돈을 예금 통장에 넣어 두는 친구들도 많을 텐데, 이것도
사실은 캐시리스야.
이 책을 쓴 다나카 야스히로 선생님이 초등학교 1학년 때 겪었던 일화가 있어.
우사미가 이 자리에서 살짝 공개할게!

다나카가 설날에 세뱃돈을 많이 받자 엄마는 그 돈을 우체국에 맡기려고 했대.
돈을 맡긴 뒤 우체국 창구 누나에게서 통장을 건네받았는데…….
돈을 맡긴다는 게 무슨 뜻인지 몰랐던 다나카가 화를 냈대.

"내 세뱃돈을 왜 우체국 누나한테 주는 거야!"

그러고는 엉엉 울었다지 뭐야! 엄마랑 우체국 누나랑 국장님까지 나와서 다들 "그게 아니란다."라고 설명하고 달래 보았지만, 다나카는 우체국에서 울고불고 소리쳤대.

"내 돈 내놔! 어른들은 다 거짓말쟁이야!"

지나가던 사람들까지 "무슨 일이야?" 하고 모여들어서 큰 소동이 벌어졌다나 봐. 엄마도 우체국 사람들도 참 난처했겠지? 그런 아이가 어른이 되어서 돈 공부에 관한 책을 쓰다니, 울보 꼬맹이도 크면 작가가 될 수 있구나! 후후후.

지금은 아무리 초등학생이라 해도 우체국에서 돈 내놓으라며 울고불고하는 아이는 없을 거야. 그만큼 돈을 맡긴다는 것이 평범한 일이 됐거든. 여러분은 앞으로 현금과 예금 외에도 여러 가지 캐시리스를 이용하게 될 거야. 예를 들면 아래와 같은 게 있어.

① 프리페이드 카드
  (문화 상품권이나 기프트 카드 등)

② 교통 카드
  (충전해서 사용)

③ 신용 카드
  (만 19세 이상부터 사용 가능)

①과 ②는 초등학생이어도 사용해 본 적 있는 친구도 있지? ②는 중학생, 고등학생이 되면 대부분 사용하게 될 거고, 대학생이 되면 ③도 사용할 수 있어. 이런 식으로 점점 캐시리스가 일상이 될 거야.

전자화폐나 신용 카드는 돈을 사용한 기록 데이터가 남으니까 잘만 쓰면 돈을 관리하기도 편해. 하지만 기록 데이터를 보지 않고 낭비하는 사람도 많으니까 주의해야겠지. 이 책으로 돈 공부를 하는 여러분이라면 잘 관리할 수 있을 거야!

체크 카드 만드는 방법

만 12~13세일 때	만 14세 이상
● 은행에 같이 갈 어른(부모님) ● 부모님 신분증 ● 나를 기준으로 한 가족관계증명서, 기본 증명서 ● 내 도장(서명거래불가)	● 내 신분증(청소년증, 학생증, 주민등록증) ● 주민등록초본 ● 내 도장 또는 서명

4. 돈을 똑똑하게 쓰는 비결

"캐시리스의 영향도 있어서 요즘은 어른이라도 가계부를 쓰기 어려워. 그러니까 도담이는 운이 좋은 거야. 지금부터 용돈 기입장을 쓰면서 기본을 익혀 두면 엄청 큰 지갑이 생겨도 문제없을 테니까. 분명 부자가 되어서 여자아이들에게 인기도 많아질걸."

"우아, 그게 정말이야? 부자에다가 인기짱?"

"그래, 부자에다가 인기짱. 초등학생 중에서 용돈 기입장을 쓰는 아이, 돈 공부를 하는 아이는 무척 드물어. 그건 그만큼 라이벌이 적다는 얘기겠지."

부자가 될 수 있다! 게다가 여자아이들한테도 인기짱! 어쩌면 용돈 기입장의 '기적'이란 이런 걸 말하는 걸까? 그렇다면 이건 확실히 기적이다!

"히죽거리기는. 뭐, 꿈을 꾸는 건 좋은 일이지. 부자에다가 인기짱이라니, 좋고말고. 그런데 언제까지 그렇게 실실댈 거야?"

"아, 미안. '인기짱이 되겠습니다!'가 아니라, 앞으로 착실하게 용돈 기입장을 쓰겠습니다!"

"그건 그렇고. 도담아, 오늘은 여러 가지 낭비에 대해 이야기했는데, 왜 낭비를 하면 안 된다고 생각해?"

"그야…… 돈은 무한정 있는 게 아니니까?"

"정답이야. 우리가 쓸 수 있는 돈에는 한계가 있어. 그러니까 신중하게 써야만 해. 마지막으로 그러기 위한 비법을 알려 주지."

"부탁드립니다, 선생님!"

토형은 종이에 무언가 그리기 시작했다.

"잘 들어. 여기에 도담이가 좋아하는 여자아이 세 명이 있어. 지수, 민정, 고은."

"자, 잠깐만, 내가 좋아하는 여자아이들이 누군지 어떻게 알고 있는 거야?"

"이 토형을 얕보지 마. 난 너에 관한 모든 걸 알고 있다고. 아

지수　　　민정　　　고은

무튼, 도담이는 이 셋 중에서 여자 친구를 고를 수 있다고 치자. 그럼 넌 누구를 고를래? 바라던 대로 인기짱이 된 기분이지? 어라? 꿈꾸는 듯한 얼굴이네."

'뭐야, 이 꿈만 같은 선택은…….'

나는 가만히 세 친구의 얼굴을 떠올려 보았다.

"민정……일 것 같기도 하고."

"누구라고? 잘 안 들려, 도담아. 더 크게 말해 봐."

"민정이라고!"

내가 그렇게 말하자마자 토형은 배를 부여잡고 깔깔 웃어 대기 시작했다.

"귀엽네, 도담이. 얼굴이 새빨개졌어."

"그만 놀려."

"미안, 미안. 방금 민정이라고 말했지? 왜 다른 친구를 고르지 않은 거야?"

"그야, 사귈 수 있는 건 한 사람뿐이잖아. 두 사람이랑 사귀면 다른 여자아이와 다투게 될 테니까."

"그렇지, 여자 친구는 딱 한 사람뿐이어야 하지? 한 사람을 골랐으면 나머지 두 사람과는 사귈 수 없어. '고른다'라는 건 동시에 '포기한다'는 것이기도 해."

"그렇구나. 그건 알겠는데, 이상한 예시는 들지 마. 깜짝 놀랐잖아."

"우히히, 도담이를 놀리는 건 정말 재미있다니까. 아무튼 돈을 쓸 때도 마찬가지야. 똑똑하게 쓰기 위해서는 좋은 것을 '고르는' 힘과 다른 것을 '포기하는' 힘이 필요해. 이런 힘은 초등학생일 때부터 미리 길러 두는 게 좋아."

"포기한다는 건 사고 싶은 걸 참는다는 거야?"

"맞아. 가지고 싶은 것을 고르는 일은 동시에 다른 것을 포기하는 것이기도 해. 그러니까 사고 싶어도 참아야 하지."

"하긴, 받은 용돈의 범위 안에서 잘 관리하지 않으면 결국 부족해질 테니까. 솔직히 용돈을 더 올려 주셨으면 좋겠지만……."

"엄마랑 아빠가 쉽게 용돈을 올려 주지 않는 건 도담이를 위해서야. 갖고 싶은 것을 다 살 수 있을 만큼 용돈을 받는다면 포기하는 힘을 기를 수 없어. 어릴 때부터 그런 생활을 하면 고르는 법이나 포기하는 법을 모르는 어른이 되겠지. 그런 어른이 되고 싶진 않지?"

"응, 이것저것 다 욕심내는 건 왠지 꼴불견이야."

"낭비를 멈추지 못하는 사람은 포기하는 힘이 부족한 거야. 그런 힘은 어릴 적부터 길러야만 해. 부모님이 용돈을 올려 주지 않는 건 쩨쩨해서가 아니야. 참는 것의 중요함을 알려 주기 위해서지."

"나, 실은 항상 내 용돈은 왜 이렇게 적을까 하고 생각했어. 더 많이 받는 친구도 있으니까. 하지만 지금 토형의 이야기를 들으니 이 정도도 괜찮은 것 같다는 기분이 들어. 참는 걸 배우는 것도 의미가 있으니까. 약간 억지 같기도 하지만."

"억지라도 상관없어. 지금 스스로 말했잖아. '왜 다른 친구보다 용돈이 적을까?' 하고 생각했다고. 그런 생각은 지금부터 어른이 되고 나서도 계속하게 될 거야. 일하고 월급을 받았을 때 '왜 다른 사람보다 월급이 적을까?' 하면서 말이지. 하지만 자신의 벌이를 다른 사람과 비교해 봤자 아무 소용없어. 또 그걸 한

탄해서도 안 돼. 어쨌든 어른이 되면 자신의 벌이 안에서 똑똑하게 쓰는 법을 궁리하면서 살아갈 수밖에 없거든. 도담이는 지금 그 첫발을 내디딘 거야. 이제부터가 시작인 거지. 앞날은 길지만 힘내."

"응, 힘낼게!"

큰 목소리로 대답하자 어쩐지 긍정적인 마음이 들기 시작했다.

창밖을 보니 하늘에 예쁜 노을이 펼쳐져 있었다. 노을을 가만히 바라보다니, 오랜만이었다. 넋을 잃고 창밖을 바라보고 있는데, 옆에 있던 토형이 중얼거렸다.

"예쁜 노을이네."

그 미소를 보고 있자니 어쩐지 자신감이 샘솟았다. 돈 공부라고 해서 처음에는 어려울 것 같았는데, 막상 해 보니 그렇지도 않았다. 나도 제대로 이해할 수 있고, 게다가 재미있다.

토형은 아련한 듯 노을을 바라보고 있었다.

'대체 무슨 생각을 하는 걸까?'

토형의 마음은 알 수 없지만 그 눈빛만큼은 무척이나 따뜻하게 느껴졌다.

똑똑한 경제 상식 ⑥
인생에서 가장 '비싼' 쇼핑은 뭘까?

이것 봐, 새 리본을 샀어! 어때, 귀엽지?
귀여운 리본은 내가 정말 좋아하는 거야.
보면 기분이 좋아지거든.

여러분도 앞으로 어른이 되면 이런저런 쇼핑을 하게 될 거야. 그런데 인생에서 가장 '비싼' 쇼핑이 뭐라고 생각해?

아마 주택이겠지. 그러니까 자기가 살 집을 사는 게 가장 비싼 쇼핑일 거야. 집을 살 때는 보통 수억 원(□00,000,000원, 숫자 영이 8개나 붙어!)이 넘게 들기도 하지. 하지만 그런 금액을 한꺼번에 마련할 수 있는 사람은 많지 않아서, 대부분 집을 살 때는 은행에서 돈을 빌려. 그게 바로 대출이란 거야.

은행에 돈을 맡기는 것은 예금이고, 그 반대로 은행에서 돈을 빌리는 것이 대출이야.

주의해야 할 점은, 은행에서 대출을 받으면 빌린 돈을 일정 금액으로 나누어 매달 갚아야 한다는 거야. 대출금을 갚지 못하면 신용을 잃게 되지. 그러니까 돈을 빌릴 때는 확실히 갚을 수 있는지 미리 확인해야만 해.

그리고 돈에는 이자가 붙어. 예금을 하면 은행에 돈을 빌려주는 대가로 금리만큼의 돈을 받을 수 있어. 그 반대로 대출을 받을 때는 은행에서 돈을 빌리는 대가로 금리만큼의 돈을 지불해야 하지.

은행 등에서 돈을 빌리면 빌린 금액보다 많은 금액(빌린 돈+금리만큼의 돈)을 갚아야 하니까 조심하도록 해! 살면서 돈을 꼭 빌려야만 하는 상황이 생길 수도 있어. 하지만 가벼운 마음으로 돈을 빌리는 건 절대 금물이야!
집 말고도 비싼 쇼핑으로는 자동차, 보험 등이 있어. 어른이 되어서 이런 비싼 쇼핑을 할 때는 반드시 주의해야 해! 어쨌든 우사미가 추천하는 쇼핑 상품은 예쁜 리본! 리본 정도는 대출을 받지 않아도 살 수 있고, 무엇보다 기분이 좋아지니까 말이야!

3

폼 나는 부자가 되기 위해 '사전 준비' 하기

도담이는 장래 희망을 찾을 수 있을까?

1. '평소의 생활'을 소중하게

집에 도착한 나는 땀을 닦으며 방으로 들어갔다. 방에는 토형이 있었는데, 비디오 게임에 집중하느라 내가 들어온 줄도 몰랐다.

어깨너머로 보니 내가 가장 좋아하는 격투 게임이다. 약하다. 너무 약해. 순식간에 한 대 맞고 날아가면서 게임 오버.

게임에 져서 울컥하던 토형은 그제야 내가 온 것을 깨닫고 뒤를 돌아보았다.

"도담아, 마침 잘 왔어. 게임 대결하자."

"좋아, 하자!"

난 글짓기 숙제는 완전히 잊은 채 토형과 게임에 열중했다. 연달아 이긴 나는 속이 시원했지만 계속 진 토형은 기분이 좋지 않은 것 같았다.

토형이 기분 나쁜 듯 게임에다 화풀이를 했다.

"나 원 참, 시시한 게임이군."

나는 토형의 기분을 풀어 주려고 이야기를 꺼냈다.

"들어 봐. 돈 공부의 효과가 즉시 나타났어. 이게 다 토형 덕분이야!"

"응? 무슨 소리야?"

"내가 용돈 기입장을 쓰기 시작한 걸 알게 된 엄마가 '나도 가계부를 써 볼까?'라고 하더라. 엄마도 의욕이 생긴 모양이야."

"정말? 굉장한걸! 도담이가 엄마를 변화시켰구나. 훌륭해."

"그뿐만이 아니야. 더 있어."

"뭔데, 들려줘."

토형이 내 앞으로 몸을 쑥 내밀었다.

"텔레비전에 나오는 보험 광고를 보던 아빠가 '보험료가 너무 많이 나간단 말이야.'라고 중얼거리는 거야. 그래서 내가 왜 그렇게 보험을 많이 들었는지 물었어. 그랬더니 아빠는 자기가 갑작스레 죽거나 병에 걸리면 엄마랑 내가 힘들어지니까 '만일의 경우'를 대비해서 보험을 많이 들어 둔 거래."

"음, 그래서?"

토형은 점점 더 내 앞으로 몸을 내밀었다.

"그 말도 맞지만 '만일의 경우'를 대비하는 데 돈을 너무 많이 써서 '평소의 생활'이 가난해지는 건 뭔가 이상하지 않냐고, 그러니까 보험을 줄이는 게 좋지 않겠냐고 말했어."

"오오~!"

토형은 엄청 놀란 척했다.

"그랬더니 아빠도 알겠다면서 다음에 보험 상담을 받아 보겠대."

"굿 잡! 아주 잘했어!"

토형이 엄지손가락을 쭉 내밀며 치켜세웠다.

"오! 영어도 쓸 줄 아네."

"이 정도 영어는 거뜬하다고! 아무튼, '만일의 경우를 대비하느라 평소 생활이 가난해지면 안 된다'라니, 그야말로 명언이야. 그렇게 되면 주객이 전도된 꼴이니까. 하지만 텔레비전 광고를 보다 보면 무심코 보험에 많이 가입하게 되기도 해."

"그것도 사게 만드는 작전일까?"

"물론이지. '보험 덕분에 우리 가족이 살았다.'라면서 광고를 하니까, 광고를 보는 사람은 보험에 들지 않으면 마치 가족을 소중하게 생각하지 않는 것 같은 기분이 들거든."

"엄청나게 교묘한 작전이네!"

"일단 보험에 들면 매달 정해진 보험료가 계속 빠져나가니까, 생활이 어려워졌을 때는 이미 가입한 보험을 다시 검토해 보는 게 좋아."

"이번에 내 조언으로 엄마랑 아빠가 절약에 대해 이야기를 나누게 됐잖아? 그게 참 기뻤어."

"도담이가 돈을 소중하게 생각하는 마음가짐이 엄마와 아빠에게도 전해진 거야."

그 말을 듣고 나는 기분이 좋아졌다. 돈 공부를 계기로 가족끼리 돈에 관한 이야기를 할 수 있게 되다니. 무엇보다 가족 간의 대화가 늘어난 것이 가장 기뻤다.

"돈 공부를 하면 더 많은 이야기를 할 수 있게 될 거야. 좋아하는 아이에 대해 이야기하는 러브 스토리도 좋지만, 돈에 대해 이야기하는 '머니 스토리'도 재미있다고."

"돈에 대한 이야기니까 머니 스토리가 맞네! 왠지 러브 스토리에 버금갈 정도로 재미있을 것 같아."

"그렇지? 앞으로 가족 사이의 대화에 머니 스토리가 더욱 늘어나면 좋겠네."

"응. 아, 맞다. 나 좋은 생각이 떠올랐는데, 들어 볼래?"

나는 비장의 절약 아이디어를 토형에게 이야기하기로 했다.

"뭐냐 하면, 게임 비용을 절약하는 방법을 생각해 봤어. 게임은 무척 비싸거든. 그러니까 친구가 가지고 있는 게임은 사지 않고, 그 친구 집에서 하는 거야. 그 대신 나는 다른 게임을 산 다음

그 친구를 불러서 같이 하고. 그러면 한 개 가격으로 두 개의 게임을 할 수 있잖아? 이것도 돈을 똑똑하게 쓰는 법 아닐까?"

솔직히 나는 여기서 "도담아, 굉장해!"라는 반응을 기대했다. 하지만 이야기를 다 들은 토형은 고개를 숙인 채 "으음." 하고 신음할 뿐이었다.

"도담아, 엄마가 그 아이디어를 들으면 칭찬해 줄 것 같아?"

그 말을 듣고 보니 확실히 엄마가 별로 좋아할 것 같지는 않다. 좋아하기는커녕 "게임할 궁리만 하다니!"라면서 화를 낼 것 같다. 역시 안 되는 건가. 좋은 아이디어라고 생각했는데…….

"기죽지 마. 그렇게 실망할 일은 아니니까. 어쨌든 도담이는 스스로 절약하는 방법에 대해 생각했잖아? 네 말대로 다 함께 게임을 공유하면 확실히 절약할 수 있지. 거기까지는 옳아. 하지만 충분하지는 않지. 그러니까 엄마는 당연히 기뻐하지 않을 거야. 무슨 뜻인지 알겠어?"

"옳기는 하지만 충분하지 않다, 으음, 무슨 말인지 모르겠어."

"좋아, 오늘의 돈 공부는 그 점에 대해 알려 주지. 이제부터 새로운 전개가 펼쳐질 테니까 마음 단단히 먹으라고."

"응, 알겠어. 확실하게 공부할게!"

2. 절약 다음은 '돈벌이'를 생각하자

"도담아, 아이가 어른이 되는 건 언제라고 생각해?"

돈에 대해 배울 거라 생각하고 마음의 준비를 하던 나는 토형의 질문에 당황했다.

"스, 스무 살쯤? 아니면 학교를 졸업하고 난 뒤?"

"응, 비슷해. 학교를 졸업하면 그 뒤로는 일을 하겠지. 또 일을 하면 돈을 벌 테고. 어른이 되는 건 돈을 벌게 될 때야."

"그러고 보니, 학교에 다니는 동안에는 일을 해서 돈을 벌지 않는구나."

"그렇지. 간혹 일하면서 학교에 다니는 사람도 있지만, 보통 학생은 일을 하지 않아. 하지만 학교를 졸업한 뒤에는 대부분 일을 하게 돼. 그러니까 나중에 돈벌이를 하기 위해서는 학생일 때부터 미리 준비해 두어야 해. 그 준비를 얼마나 잘했는지에 따라 미래의 직업이나 벌이의 정도가 크게 달라질 거야."

"그래? 그럼 초등학생 때부터 준비해야 해?"

"물론이지. 넌 초등학교 5학년이니까 이미 꽤 격차가 벌어졌을지도 몰라."

토형은 의미심장하게 히죽 웃었다.

"아앗, 그러면 안 되는데! 아직 늦은 건 아니지? 지금부터라도 준비하면 될까?"

"걱정하지 않아도 돼. 아직 늦지 않았으니까."

"휴~ 다행이다."

"아까 하던 이야기로 돌아가자. 도담이는 게임 비용을 절약하는 아이디어에 대해 생각했어. 그걸 실행하면 게임을 한 개 사는 값으로 두 개만큼 놀 수 있지. 하지만 그러면 엄마는 분명 기뻐하지 않을 거야. 왜일까? 왜 엄마는 게임만 한다고 화를 낼까?"

"게임을 해 봤자 미래에는 도움이 안 되니까?"

"맞아! 스스로 깨닫다니 대견한걸. 엄마가 게임을 너무 많이 한다고 잔소리하는 것도, 숙제하라고 말하는 것도, 다 도담이의 미래를 걱정하기 때문이야. 부모라면 모름지기 자기 자식이 '좋은 직업을 가져서 돈을 잘 벌었으면' 하고 바라는 게 당연해. 엄마는 게임을 하며 노는 것은 돈벌이에 도움이 안 된다고 생각하기 때문에 너무 많이 하는 걸 싫어하는 거야."

"흐음……."

"그럼 어른이 된 후 돈벌이를 하기 위해 무엇을 해야 할지에 대해 생각해 보자. 돈 공부는 이제 다음 단계로 접어들 거야. 정신 똑바로 차리고 가 보자고!"

"가 보자고!"

"도담아, 아빠가 요리를 하기 위해 미리 준비하는 건 알지?"

"물론이지! 가게 문을 열기 전에 요리할 준비를 하잖아."

"바로 그거야. 아빠는 요리를 하기 전에 미리 고기나 채소를 썰어 두고, 양념을 준비하고, 여러 가지 사전 준비를 해. 준비를 제대로 해 두지 않으면 맛있는 요리를 만들 수 없어. 그와 마찬가지로, 도담이가 나중에 좋은 직업을 갖기 위해서는 지금부터 확실하게 '사전 준비'를 해 두어야 한다는 거야."

"사전 준비라……. 어떻게 하면 되는데?"

"재촉하지 마, 천천히 설명할 테니까. 우선 사전 준비에서 가장 중요한 것은 정성껏 시간을 들이는 거야. 사전 준비는 만들려는 요리에 따라 다르지만, 뭐든지 진심을 다해서 정성껏 하는 것이 가장 중요해."

"엄마가 종종 말했어, '아빠는 아주 정성껏 요리 준비를 한단다.'라고."

"오, 그 점은 엄마도 잘 알고 있구나. 그래, 아빠는 무척 정성스럽게 사전 준비를 하지. 그러니까 아주 맛있는 요리를 만들 수 있는 거야. 도담이도 아빠의 그 점을 보고 배우는 게 좋아."

"응, 알겠어!"

그렇구나. 아빠의 요리가 늘 맛있었던 건 정성껏 사전 준비를 했기 때문이었어. 토형에게서 그 말을 듣자 어쩐지 내가 칭찬을 받은 것만 같은 기분이 들어 무척 기뻤다.

"자, 도담아, 아까 네가 말한 게임 비용 절약 아이디어가 왜 좋지 않은 건지, 이제 알겠지?"

"응, 알겠어. 잘못했어."

"나한테 사과할 필요는 없어. 그리고 내가 말한 건 게임을 절대 하면 안 된다는 뜻이 아니야. 게임은 재미있잖아. 뭐, 아까처럼 계속 지기만 한다면 열이 좀 받긴 하지만."

토형이 윙크를 하자 내 마음이 조금 편해졌다.

"아, 오늘 말이야, 학교에서 '장래 희망'에 대한 글짓기 숙제를 내 줬어. 그것도 아까 말한 돈벌이나 사전 준비와 관련된 이야기지?"

"그런 숙제가 있었군……. 마침 잘됐다. 숙제도 해치울 겸 돈벌이와 사전 준비에 대해 더 생각해 보자."

"숙제까지 해치우다니, 운이 좋은걸! 잘 부탁드립니다!"

"좋아, 그럼 이 토 선생이 또 한 번 나서 주지, 나한테 맡겨!"

토형은 항공 점퍼의 소매를 걷어붙였다.

3. 건강하게, 친구와 사이좋게, 공부는?

"요즘 초등학생들은 보통 어떤 직업을 갖고 싶어 하지?"

"으음, 뭐가 있을까."

나는 스마트폰으로 검색을 해 보았다. '초등학생, 인기, 직업'이라고 입력하자 몇 가지 인기 순위가 나왔다. 그 화면을 토형에게 보여 주었다.

"오, 어디 보자……. 흠흠, 그렇군."

한동안 무어라 중얼거리며 화면을 들여다보던 토형은 다 훑어 보고 난 뒤에 종이와 연필을 가져왔다.

"이 순위에 들어 있는 직업을 몇 가지 그룹으로 나눌 수 있을 것 같아. 좋아, 해 보자."

그러더니 종이에 무언가를 적기 시작했다. 잠시 후 토형은 "다 됐다!"라고 큰 소리로 외쳤다.

"이게 바로 인기 직업 목록이야! 직업은 이 세 가지 그룹으로 나눌 수 있지!"

"뭔데? 자세히 좀 알려 줘 봐!"

"우선 그룹 ①은 축구나 야구 등 스포츠 관련 운동선수, 그리고 아이돌이야. 운동 신경이나 미모, 노래 실력과 같은 재능이 관

그룹 ①

운동 신경이나 미오가 관건!

스타가 될 수 있다.
돈벌이는 실력에 따라 다르다.
오래 일하기는 어렵다.

축구선수 야구선수 아이돌

그룹 ②

센스와 아이디어가 관건!

자유롭게 일할 수 있다.
돈벌이는 실력에 따라 다르다.
오래 일할 수 있다.

만화가 파티시에 유튜버

그룹 ③

노력과 성실이 관건!

자유롭게 일할 수 없다.
돈벌이는 안정적이다.
정년까지 일할 수 있다.

회사원 경찰관 간호사

건인 일이지. 성공하려면 천부적인 재능도 필요하지만 노력도 아주 많이 해야 해."

"우리 반에도 축구선수나 야구선수가 되고 싶다는 친구가 있어."

"초등학생이 흔히 동경하는 직업이지. 잘하면 스타가 될 수 있어. 단, 성공하려면 운도 필요하고, 돈벌이는 자신의 실력에 따라 달라져."

"하긴, 운동선수는 부상을 당하면 일을 할 수 없으니까. 아무튼 내게는 어려울 것 같아. 운동을 잘하는 것도 아니고……."

"뭐, ①은 특별한 직업이라고 할 수 있지. 평범한 사람의 직업은 ②나 ③일 거야. 그럼 다음을 보자. 그룹②는 센스와 아이디어가 관건인 직업이야. 여기에는 만화가나 파티시에, 유튜버가 들어가. 이런 직업을 흔히 '기술직'이라고 하지."

"우리 부모님도 기술직을 하는 게 좋다고 자주 말해."

"기술직이란 건 스스로 돈을 벌 수 있는 기술을 지니고 있다는 뜻이야. 개인의 기술인 센스와 아이디어를 갈고닦으면, 조직에서 일할 수도 있고 독립할 수도 있어. 자유롭게 일하는 것도 가능하지만 돈벌이는 자신의 실력에 따라 달라지니 불안정할 수밖에. 물론 운동선수만큼은 아니지만 말이야."

"다음으로 그룹 ③은 노력과 성실이 관건인 직업인데, 회사원, 공무원, 경찰관, 간호사, 선생님이 여기에 포함돼. 이 직업의 특징은 돈벌이가 안정적이라는 것. 일을 성실하게 하면 소속된 조직으로부터 급여를 받을 수 있지. 돈벌이가 안정적이면 생활이 편해지니까, 많은 부모가 자기 자식이 ③의 직업을 갖기를 바라. 이 그룹에서는 보통 복장이나 근무 시간도 조직의 규칙을 따라야 해. 그런 의미에서 자유롭지는 않지만, 매달 급여를 받을 수 있다는 건 감사한 일이지."

"②는 일하는 방식은 자유롭지만 돈벌이가 불안정하고, ③은 자유롭지 않은 대신 돈벌이가 안정적이다, 그런 말이지?"

"맞아. 그리고 또 하나 중요한 포인트는 '언제까지 일할 수 있는가?' 하는 점이야. ①의 직업은 오래 일할 수 없는 경우가 많아. 운동선수는 은퇴가 빠르잖아? 그에 비해 ②는 건강하기만 하면 언제까지든 일할 수 있지. ③의 회사원이나 공무원은 정년까지만 일할 수 있어."

"그럼 우리 아빠는 그룹 ②에 들어가겠네?"

"응, 도담이 아빠는 요리 기술을 가지고 있고, 그걸로 자신의 레스토랑을 개업했으니까 그룹 ②에 속해. 하지만 같은 요리사라도 자신의 가게를 갖지 않고 큰 레스토랑에서 급여를 받으며

근무하는 사람이 있지? 그런 사람은 그룹 ③에 속할 거야."

"같은 요리사라도 ②에 속하기도 하고, ③에 속하기도 하는구나."

"중요한 건 요리사가 요리를 '기술'로서 익혀 두면 ②와 ③ 중 아무거나 고를 수 있다는 거야. 이건 의사의 경우도 마찬가지인데, 병을 치료하는 기술을 익혀 두면 자기 병원을 개업해도 되고 큰 병원에서 근무해도 돼. 다시 말해 ②처럼 개업을 하면 자유롭게 언제까지든 일할 수 있지만 수입은 불안정한 한편, ③처럼 큰 조직에서 근무하면 급여는 안정적이지만 자유롭지 못하지."

"우리 아빠는 자유로운 ②를 고른 거구나."

"맞아. 자유롭지만 수입이 안정적이지 않은 ②의 직업이지. 그래서 지금은 가게의 수입이 줄어들어 고생하고 있는 거고."

"직업에도 저마다 특징이 있구나. 이제 좀 알 것 같아."

"어떤 직업에서 보람을 느끼는지는 사람마다 다르지만, 이처럼 세 종류의 직업이 있다는 것은 알아 두는 게 좋아. 그건 그렇고, 도담이는 어떤 직업을 가지고 싶어?"

앗, 드디어 이 질문이 나왔다. 나는 주저하며 대답했다.

"유, 유튜버?"

"흐음, 그렇구나."

예상과 다르게 싱거운 반응이었다. 그래도 토형은 비웃지 않았다.

전에 엄마한테 유튜버가 되고 싶다고 했을 때는 "그런 꿈같은 소리는 하는 거 아니야!"라며 비웃어서 화를 낸 적이 있었다.

"괜찮을 것 같은데? 축구선수든 유튜버든, 뭐든 좋아. 꿈을 갖는 것, 초등학생에게는 그게 중요해. 도담이는 유튜버의 어떤 점이 좋은데?"

"유튜버는 왠지 자유롭고 즐거울 것 같아. 아, 하지만 꼭 되고 싶다는 건 아니고, 그것도 괜찮겠다 싶은 정도야."

"괜찮아. 성급하게 정할 필요는 없어. 그보다는 초등학생일 때 기초를 만들어 두는 게 좋아. 지금은 모든 직업에 공통되는 기초를 준비하는 게 중요하거든."

"아, 그걸 알려 줘! 그 '기초'가 뭔데?"

"내가 말한 기초에는 세 가지 지켜야 할 사항이 있어. 어떤 직업을 가지든 우선 건강할 것, 그리고 친구와 사이좋게 지낼 것, 마지막으로 공부야. 어떤 직업이든 건강이 필수야. 그러니까 어릴 때는 밖에서 많이 놀고 운동도 해 두도록 해. 다음으로 어떤 직업이든 누군가와 함께 일할 테니까 사교성도 무척 중요해. 그러니까 친구와 사이좋게 지내도록 해. 마지막 공부, 이건 뭐……

적당히 해 두면 돼."

"건강이랑 친구와 사이좋게 지내는 건 자신 있어. 하지만 공부는 좀……."

"항상 100점을 받지 않더라도, 가끔 좋은 성적을 받는 정도면 충분해. 엄마와 아빠는 그 정도로는 부족하다고 할지도 모르지만. 그래도 지나친 공부는 오히려 더 좋지 않으니까."

"그래? 지나치게 공부하지 말라는 말은 처음 들어."

"단도직입적으로 알려 주지. 공부를 너무 많이 하면 공부가 싫어지기 때문이야. 공부에는 잘하고 못하고의 문제와는 별도로 '좋고 싫음'이 있어. 지금까지 공부라고 하면 무조건 '잘하는 것'이 중요했지. 하지만 억지로 공부를 계속하다 보면 '잘하기는 하지만 싫다'는 마음이 생길 수 있어. 그러면 안 돼. 앞으로의 세상은 어떤 공부든, '좋아하는 것'이 더 중요하거든."

"나, 국어 점수는 별로 좋지 않지만 책 읽는 건 좋아해. 그걸로 괜찮을까?"

"그러면 돼. 국어 시험을 잘 보면 좋겠지만 책 읽기에 싫증을 느끼면 안 되니까. 그리고 책 읽기를 좋아하는 게 미래에 더 도움이 될 거야."

"다행이다. 왠지 안심이 되는걸."

똑똑한 경제 상식 ⑦
초등학생에게
인기 있는 직업은 뭘까?

여러분은 나중에 어떤 직업을 갖고 싶어? 우사미의 꿈은 배우가 되는 거야. 여러분을 위해서 직업과 관련된 무척 재미있는 설문조사를 소개할게! 바로 장래 희망 순위야.

우리나라 어린이의 희망 직업 순위

1위	운동선수	6위	가수·성악가
2위	의사·간호사	7위	경찰관
3위	학교 선생님	8위	법률전문가
4위	유튜버(크리에이터)	9위	제과·제빵원
5위	요리사	10위	만화가·웹툰 작가

이것 봐! 우리나라 어린이들에게는 '운동선수'가 1위야! 그런데 일본을 제외한 다른 나라에서는 운동선수가 3위 안에는 들어 있지 않아. 놀랍지? 세계 1위는 '의사·간호사'야! 그리고 요즘 우리나라에서 인기 있는 직업인 '유튜버'가 4위야. 이건 토형이 말한 그룹 ②에 속하는 직업이지.

미국과 인도에서는 '컴퓨터 프로그래머'가 인기인 모양이야. 요즘은 구글이나 아마존 등 IT 기업이 인기니까 그 유행이 반영된 것인지도 모르겠네. 컴퓨터 프로그래머도 그룹 ②에 속하니까, 우리나라에서도 해외에서도 센스와 아이디어가 중요한 그룹 ②의 직업이 인기가 많다는 걸 알 수 있어.

우사미는 배우가 되기 위한 '사전 준비'에 힘써 볼까 해. 그게 뭐냐고? 좋아, 살짝 알려 줄게. 나의 '사전 준비'는 가장 좋아하는 딸기케이크를 먹고 기분이 좋아지는 거야! 그러지 않으면 이 밝은 성격과 미모를 유지할 수 없으니까 말이야!

세계 어린이의 장래 희망

11개국 전체
1위 의사·간호사
2위 기술자·엔지니어
3위 학교 선생님
4위 컴퓨터 프로그래머
5위 유튜버

일본
1위 운동선수
2위 의사·간호사
3위 유튜버

중국
1위 기술자·엔지니어
2위 학자·연구자·과학자
3위 건축가·설계사

인도
1위 컴퓨터 프로그래머
2위 의사·간호사
3위 기술자·엔지니어

말레이시아
1위 의사·간호사
2위 학교 선생님
3위 유튜버

폴란드
1위 유튜버
2위 수의사
3위 컴퓨터 프로그래머

인도네시아
1위 의사·간호사
2위 사장·경영자
3위 학교 선생님

미얀마
1위 유튜버
2위 학교 선생님
3위 기술자·엔지니어

프랑스
1위 수의사
2위 의사·간호사
3위 기술자·엔지니어

태국
1위 의사·간호사
2위 공무원
3위 컴퓨터 프로그래머

미국
1위 의사·간호사
2위 컴퓨터 프로그래머
3위 수의사

영국
1위 의사·간호사
2위 학교 선생님
3위 수의사

출처: 우리나라 교육부(2023년 학생 희망 직업 조사 결과 발표), 일본 SPRIX 기초학력연구소 조사
※ 일본 SPRIX 기초학력연구소 조사는 2020년 8~9월, 세계 11개국(일본, 미국, 중국, 인도, 영국, 프랑스, 폴란드, 태국, 인도네시아, 말레이시아, 미얀마)의 어린이(만 6~15세) 1만 1,000명(각국 1,000명)을 대상으로 한 조사이다.

4. '돈의 열매'가 열리는 나무가 되자!

"억지로 공부해서 100점을 받을 정도로 우등생이 되더라도, 공부가 싫어진다면 말짱 도루묵이야. 억지로 공부하는 사람은 오래 못 가. 반면 즐기면서 하는 사람은 어른이 되어서도 계속 공부를 할 수 있어. 이런저런 것들에 흥미를 느끼는 '두근두근 인간'이야말로 앞으로의 세상에서 돈벌이를 더 잘할 수 있지."

"흐음, 잘하는 것보다 즐기는 게 더 중요하다는 건가……."

여기까지 들은 나는 한 가지 고민거리를 털어놓기로 했다.

"토형, 실은 내가 요즘 고민이 있는데…… 지금 다니는 영어 학원 말이야, 사실은 다니고 싶지 않아."

"왜?"

"영어 단어를 외우는 일에는 관심이 없고 지겹기만 해."

"그렇다면 용기를 내서 부모님과 의논해 봐. 학원 때문에 영어 공부가 싫어지면 역효과만 생기거든. 억지로 다니는 학원은 '두근두근 킬러'니까."

"두근거림을 죽여 버리는 두근두근 킬러! 왠지 멋진걸!"

"바보, 하나도 안 멋져! 영어, 수영, 피아노 학원까지……. 일찌감치 배우게 하고 싶은 부모의 마음은 알겠어. 하지만 여러 가지

것들에 손을 대면 아이들이 너무 바빠지잖아. 그러다 보면 지쳐 버려서 좋아하는 책도 느긋하게 읽을 수 없어. 그래서야 괴로운 추억만 남고 오히려 역효과가 나겠지. 그런 식으로 학원을 다니는 건 돈 낭비일 뿐이야."

토형은 자세를 고쳐 앉고 팔짱을 꼈다.

"요전에 잉여에 대해 이야기했던 거 기억해?"

"물론 기억하지."

"물건이 잘 팔리던 시대에는 물건을 만드는 제조사가 돈을 많이 벌 수 있었어. 그래서 많은 사람들이 자동차나 가전제품을 만드는 제조사에서 일하고 싶어 했지. 아까 했던 분류에 따르면 ③의 직업을 목표로 한 거야. 하지만 잉여의 시대가 되면서 제조사는 돈을 그리 많이 벌지 못하게 되었어. 지금은 앱 같은 걸 만드는 컴퓨터나 IT 산업 쪽이 큰 인기를 얻고 있지. 이런 분야는 ②에 속하는 센스와 아이디어가 필요한 직업이 많아. 센스와 아이디어를 갈고닦으려면 어릴 때부터 재미있는 일을 잔뜩 경험해서 마음이 움직이는 감동을 맛보는 것이 중요해. 도담이는 책을 읽고 두근거렸던 적이 있어?"

"응. 만화책이지만."

"만화책도 괜찮아. 음악, 영화, 여행처럼 여러 가지 것들을 보고, 듣고, 경험하면서 재미있다 하고 두근거림을 느끼는 게 중요해. 바로 그 두근거림이 기술로 이어지는 거야."

"두근거림이 일의 사전 준비가 되는 거야?"

"내 안의 두근거림을 키워 나가는 것. 바로 그게 앞으로 다가올 시대의 일을 위한 사전 준비야. 유튜버도 재미있는 동영상을 계속 업로드하지 않으면 인기를 얻을 수 없잖아? 유명한 유튜버는 다른 사람보다 재미에 민감해. 여러 가지를 경험하면서 늘 재미를 찾는 것, 그게 사전 준비인 거지."

"나도 끊임없이 재미를 찾아 나가는 일을 하고 싶어."

"그 편이 일하기 즐겁겠지. 즐거우면 힘을 낼 수 있고, 또 오래 할 수 있어. 돈을 목적으로만 일하는 건 괴로운 법!"

"엄마는 파트타임으로 일하는 게 괴롭다고 했어."

"엄마도 기왕 일할 거라면 두근거림이 있는 일을 하는 게 좋겠지."

"맞아."

"도담이 너도 게임만 하고 있으면 안 돼. 그것 말고도 즐거운 일을 더 많이 알아 두는 게 좋아. 게임이 무조건 나쁘다는 건 아냐. 지나치게 많이 하는 것이 안 좋은 거지. 재미있다고 해서 무조건 게임만 한다면, 그건 그냥 게임 중독자에 불과해. 그래서야 즐거운 일도 할 수 없고, 여자아이들에게 인기를 얻을 수도 없다고."

'또 그 얘기인가…….'

나는 쓴웃음을 지으면서, 인기는 둘째 치고 계속 두근거림을 느낄 수 있는 일을 하고 싶다고 생각했다.

"도담아, 재미있는 이야기를 들려줄게. 만 원짜리 지폐 모델이 세종 대왕인 건 알지? 세종 대왕은 어릴 때부터 책 읽는 걸 좋아했지. 조선 시대에는 한자를 읽고 써야 해서 백성들은 글자를 몰랐어. 그래서 세종 대왕은 백성들이 글을 읽고 쓸 수 있도록 한글을 만들었어. 그뿐만 아니라 화폐도 개혁하려고 했지."

"세종 대왕이 화폐를 개혁했다는 소리는 처음 듣는데?"

"그건 아마 실패했기 때문일 거야. 세종 대왕의 아버지 태종은 1402년부터 닥나무로 만든 화폐 '저화楮貨'를 발행했어. 하지만 백성들이 외면했지."

"왜?"

"종이는 쌀 같은 실물 가치가 없는 데다 위조도 쉬워서 백성들이 저화를 신뢰하지 않았거든. 한마디로 저화가 교환의 수단이 되지 못한 거야. 그래서 그다음에는 구리로 만든 동전, 조선통보(1423년)를 만들었어. 종이돈보다 값어치가 있으니까 신뢰할 줄 알았지만 백성들은 여전히 사용하지 않았어."

"아, 화폐는 교환 수단으로서 가치가 있어야 하는구나."

"그런 셈이야. 여하튼 새로운 것을 만들고 모두가 그걸 사용하게 만드는 건 대단한 일이야. 비록 화폐 유통은 실패했지만 한글을 만든 세종 대왕은 대단한 분이지."

갑자기 난 세종 대왕이 궁금해졌다. 성군으로만 알려진 세종 대왕이 실패한 것이 있다니! 내일 도서관에서 세종 대왕 책을 찾아봐야겠다.

"학교 공부도, 게임도 지나치게 많이 하는 것은 좋지 않아. 숙제 같은 건 후딱 해치우고, 신나고 즐겁게 하루를 보내는 거야. 그게 나중에 돈벌이를 위한 좋은 밑거름이 될 테니까."

"내가 생각한 게임 비용 절약 아이디어가 왜 좋지 않은 건지 이제 잘 알겠어."

"오늘 이야기한 두근거리는 마음을 '호기심'이라고 해. 이 호기심을 초등학생 때부터 정성껏, 천천히 시간을 들여서 길러야

해. 나무에 비유하자면 초등학생인 도담이는 아직 어린 새싹이야. 하지만 앞으로 여러 가지 공부를 하고, 경험을 쌓으면 커다란 나무로 자라나겠지."

"나라는 나무가 크게 자라나는 거야?"

"맞아. 그러기 위해서는 건강하게, 친구랑 사이좋게, 즐길 수 있을 정도의 공부를 하면서 두근거리는 마음을 잃지 말아야 해. 그럼 그 마음이 줄기가 되어 나무는 쑥쑥 자라나게 될 거야. 그렇게 쑥쑥 자란 나무는 '돈의 열매'를 맺게 되지."

"가슴이 두근거려! 나라는 나무에 돈의 열매가 열리다니."

"사과나무에 사과 열매가 열리듯, 돈의 열매가 열릴 거야. 그런 식으로 성장하는 사람을 목표로 세우자. 그러면 '오래, 즐겁게' 돈벌이를 할 수 있어."

'돈의 열매가 열리는 나'라니! 그거 멋진데. 나라는 나무에 해마다 돈의 열매가 잔뜩 열리는 모습을 상상하니 그것만으로도 신이 났다.

좋아, 힘내자!

- 공부는 잘하기보다 즐기자.
- '돈의 열매'가 열리는 나무가 되자.

똑똑한 경제 상식 ⑧
만 원 지폐의 얼굴, 세종 대왕은 어떤 사람일까?

여러분은 지폐에 누군가의 '얼굴'이 새겨 있는 걸 알고 있겠지? 다른 나라도 그렇지만 보통 그 나라의 발전에 큰 공적을 남긴 사람이 지폐의 '얼굴'로 뽑히곤 해. 우리나라 만 원 지폐에는 우리나라 사람들이 가장 좋아하는 위인인 세종 대왕이 새겨 있어.

세종 대왕은 어려서부터 책 읽기를 좋아했어. 왕이 된 후에도 책에서 익힌 지식을 바탕으로 백성이 잘 사는 나라를 만들고자 했어. 또한 한글을 만든 것은 물론 여러 인재를 등용해 백성에게 필요한 것들을 많이 만들었어.

1443년, 한글이 탄생하기 전까지 우리는 중국의 한자를 빌려다 우리말을 표현했어. 그런데 한자는 일반 백성들이 배우기에 너무 어렵고 우리말을 표현하기에도 힘들었지. 이런 이유로 세종 대왕은 집현전 학자들과 함께 우리의 글자인 훈민정음을 만들었어.

그런데 세종 대왕도 실패한 게 있어. 바로 동전을 유통하는 것이었지. 조선은 건국 초부터 동전을 만들고 유통하는 데 관심이 많았어. 기록에 의하면, 태조 3년(1394년)에 동전 주조를 논의했지만, 태종 1년(1401년)에 동전보다 먼저 종이돈인 저화를 발행해 유통시키기로 결정했지. 하지만 돈의 가치가 떨어져 결국 중종 7년(1512년)에는 자취를 감추었어.

세종 대왕은 종이보다는 쇠로 만든 동전이 화폐 가치가 있다고 여겼기 때문에 세종 5년(1423년)에 동전을 주조하기 시작했어. '조선에서 통하는 보물'이라는 의미로 조선통보朝鮮通寶라 이름을 붙이고, 당나라 개원통보開元通寶의 체제를 참고했지.

하지만 동전 원료가 부족했고, 만들 시설도 미비했어. 기술자 역시 부족했고. 서울, 경상도, 전라도에 동전을 만드는 주전소鑄錢所를 설치했지만, 더 큰 문제는 동전에 대한 사회적인 인식이었지. 화폐 개념이 없었기에 동전을 귀하게 여기지 않았거든. 우여곡절 끝에 탄생한 조선통보의 가치는 폭락해 백성들은 동전을 녹여 그릇을 만드는 데 사용하기도 했대. 들인 노력은 온데간데없었고 결국 조선통보도 사라졌지.

세종 대왕 때 동전을 만들어 유통하려고 했던 일은 별다른 성과를 거두지 못하고 끝났어. 그래도 그 경험이 1670년대 말부터 상평통보常平通寶가 조선 시대 유일한 법화로 유통 보급되는 데 큰 도움이 되었다고 해.

조선통보 대독해서(출처: 국립민속박물관)

우리나라의 중앙은행, 한국은행

우리나라의 중앙은행은 '한국은행'이야. 한국은행은 국가적으로 중요한 기관으로 은행과 거래를 해. 우리가 은행에 가서 돈을 저축하고 예금을 받듯이 한국은행은 은행에게 예금을 받고 대출도 해 줘. 이때 한국은행이 결정하는 금리와 대출 규모가 우리나라의 경제에 큰 영향을 미쳐. 무엇보다 한국은행은 우리가 사용하는 돈을 찍어 내는 것은 물론, 우리가 사용하는 화폐를 발행하고 관리해. 미국의 연방준비제도, 일본의 일본은행, 중국의 중국인민은행 등 다른 나라에도 화폐를 발행하고 관리하는 중앙은행이 있어.

4

돈은 없어도 웃음이 있다면 언젠가 '성장'한다

1. 가난과 싸우는 우람이

초등학교 3학년 때 일이다. 하루는 우람이가 걱정 가득한 얼굴로 말했다.

"우리 부모님 이혼하게 됐어."

나는 우람이를 위로하며 말했다.

"우람아, 우리가 친구인 건 변함없어."

우람이가 약간 쑥스러운 듯 고개를 끄덕였다. 물론 그 뒤로도 우리는 둘도 없는 단짝이다.

우람이네는 우람이, 엄마, 형이 함께 사는 3인 가족이다. 엄마가 야간 근무를 하지만 생활이 어렵다고 했다. 어느 날 우람이가 불쑥, "우리 집, 생활보호를 받고 있어."라고 슬쩍 알려 주었다.

야간 근무를 하는 우람이네 엄마는 피곤이 쌓인 데다 몸이 약한 편이라서 낮에는 잠을 자는 경우가 많다. 문제아인 형도 거의 집에 들어오지 않는다. 그래서 우람이는 초등학생인데도 청소와 빨래, 식사 준비까지 전부 스스로 한다. 하지만 우람이는 성격이 밝고 착해서 반에서도 리더 역할을 도맡는다. 게다가 운동회 달리기 시합에 나가면 항상 일등이다. 내가 반 친구들과 다퉈서 외톨이가 될 뻔했을 때도 "도담아, 같이 놀자.", "같이 집에 가자."

라며 계속 말을 걸어 주었다. 그런 우람이 덕분에 마음이 얼마나 든든한지 모른다. 정말이지 듬직한 친구다.

우람이가 도둑으로 몰리다니, 있을 수 없는 일이다. 그건 모두 우람이 형 때문이다. 형은 초등학생 때부터 불량 학생으로 유명했는데, 중학교에 들어간 뒤로는 더더욱 심각해졌다. 공원에서 나쁜 친구들과 어울려 놀고, 약한 친구들을 괴롭혔다. 그래서 안 좋은 소문이 뒤따랐다. 우람이 형은 정말 나쁘다. 나쁜 짓을 하는 것만으로도 용서할 수 없는데, 동생한테까지 피해를 주면 어쩌겠다는 거야!

"토형도 너무하다고 생각하지?"

"으, 응? 그, 그렇지."

토형은 건성으로 대답하고는 오셀로 게임에 집중했다. 비디오 게임과는 달리 오셀로에서는 박빙의 승부를 이어 가고 있다. 흑과 백의 말이 늘어선 게임판을 들여다보며 토형이 중얼거렸다.

"우람이네 집이 그렇게 가난해? 엄마가 안 계실 때 밥은 제대로 먹고 있는 건가?"

"간단한 요리는 직접 할 수 있대. 재료는 슈퍼마켓 세일 품목을 골라서 사는 모양이야."

토형은 오셀로의 말을 만지작거리며 내 얼굴을 쳐다봤다.

"반에서 따돌림을 당하지는 않고?"

"전혀 안 그래. 오히려 우리 반 리더인걸. 남을 괴롭히는 짓은 절대 안 하고. 우리 삼총사 중에 전학 간 한솔이가 불량한 선배들한테 괴롭힘을 당했을 때도 '그만둬!' 하며 나서서 뜯어말렸어."

"배짱이 아주 두둑한걸. 훌륭한 친구네."

"그런데 경제적으로 여유가 없어서 이번 체험 학습 비용을 내기 어려운가 봐. 간식 사 먹을 돈도 없는데, 간식은 별로 안 좋아하니까 안 먹어도 된다고 했어."

"흐음, 그렇구나."

"그렇지만 우람이는 사실 과자를 좋아해. 그러니까 내 간식을 많이 가져가서 나눠 주려고."

그때까지 얌전하게 듣고 있던 토형이 움찔하고 반응했다.

"그런 건 하지 않는 게 좋겠어. 우람이도 바라지 않을 거야."

보기 드물게 엄격한 말투였다. 이미 오셀로는 뒷전이었다.

"우람이네 형편이 어렵다는 거 반 친구들도 다 알아?"

"응, 그건 다들 알아. 우람이에게 직접 말하지는 않지만 '그 녀석은 맨날 낡은 옷만 입어.', '볼품없어.' 하면서 뒤에서 험담하는 애들도 있어."

갑자기 토형의 움직임이 뚝 멎었다. 평소와는 다른 험악한 표정이다. 잠시 후 토형이 무겁게 입을 열었다.

"우람이도 항상 똑같은 옷을 입기는 창피할 거야. 그건 본인이 가장 잘 알지. 하지만 지지 않고 견디려 하는 거야. 왜 그 마음을 몰라주는 거지?"

토형이 그렇게 말하자 나는 고개를 떨굴 수밖에 없었다.

"생활보호를 받을 정도로 집이 가난한 건 우람이 탓이 아니잖아. 우람이는 늘 고개를 들고 당당하게 행동해. 그 모습이 뭐가 볼품없다는 거야?"

토형이 다시 힘주어 말했다.

"집이 그런 상황이니까, 형이 나쁜 길로 빠진 것도 어느 정도 이해는 돼. 하지만 그렇다고 해서 절대 나쁜 길로 빠지면 안 돼. 우람이는 형과 달라. 홀로 가난과 싸우며 밝게 웃으려 노력하고 있어. 그게 볼품없다니, 대체 무슨 자격으로 그런 말을 하는 거지? 아무리 초등학생이라 해도, 용서 못 해!"

토형의 몸이 작게 떨리기 시작했다. 아무래도 진심으로 화가 난 듯하다.

"사람이 살다 보면 여러 가지 일을 겪게 마련이야. 항상 좋은 일만 일어나는 게 아니라 절대 일어나지 않았으면 하는 일도 일

어난다고. 병에 걸리거나 사고를 당할 수도 있고, 부모님이 돌아가시거나, 이혼하거나, 가난해질 수도 있어. 친구들에게 따돌림을 당할 수도 있고. 본인에게는 아무런 책임이 없는데도 그토록 괴로운 일을 겪어야만 하는 거야. 그런 사람을 위로하지는 못할망정 깔보면서 비웃는 사람들이 있어. 정말 말도 안 되는 일이야. 도담아, 너는 절대 그런 사람이 되어선 안 돼. 아무리 머리가 좋고 돈이 많더라도, 다정함을 잃어버린다면 살아갈 의미가 없어. 그 점을 절대 잊지 마."

그렇다. 내가 따돌림을 당할 뻔했을 때, 우람이는 나에게 다가

와 끊임없이 말을 걸어 주었는데……. 잠시 우람이의 다정함을 잊고 있었다.

"우람이는 부모님의 이혼으로 인한 불행이나 가난과 싸워 왔으니까, 괴로운 사람이나 약한 사람의 마음을 이해하고 그들을 돕기 위해 행동할 수 있어. 자신의 힘을 약한 사람을 위해 쓸 수 있다는 것, 그것이야말로 진정한 다정함이야."

정말 그 말대로다. 우람이는 늘 약한 자의 편이었다.

"혹시 가난하다고 해서 우람이를 비웃는 녀석이 있다면 비웃게 내버려둬. 단, 학교 전체가, 온 동네가, 전 세계가 우람이를 비웃더라도 너만은 그러지 마. 가난과 싸우는 우람이의 노력을 알아주라고. 그게 진정한 친구잖아?"

토형의 이야기를 듣고 있는 사이, 나도 모르게 눈물이 흘러내렸다. 혼나고 있는 것도 아닌데 눈물이 멈추지 않았다.

"이제 알겠지? 우람이에게 과자를 나눠 주겠다는 말은 하지 마. 우람이가 과자를 싫어한다고 말해도 그 거짓말에 맞춰 주라고. 그게 다정함이라는 거야."

나는 토형의 말을 마음속에 확실하게 새겨 두었다.

2. 높이 '도약하기' 위해서는 웅크려야 하는 법

내가 어느 정도 진정되자, 토형이 다시 이야기를 시작했다.

"도담아, '하룻밤 묵힌 돈은 없다.'라는 일본 속담, 들어 본 적 있어? 그날 번 돈은 그날 다 써 버리고 다음 날까지 가지고 있지 않는다는 뜻이지."

"아, 들어 본 적 있는 것 같아."

"그건 사실 단순한 '오기'라고 할 수 있어. 가난해서 저금통이 텅텅 빈 데다 하루하루 살아가기도 어려우면서, 지금의 현실이 괴롭다고 인정하지 않는 거야. 강한 척이라고나 할까? 혹은 가난한 사람이 부리는 허세라고 할 수 있지."

"우람이는 허세가 아냐."

"그렇지. 가난 따위에 질쏘냐, 밝게 웃으며 싸우는 거지. 요즘엔 어른 중에도 가난과 정면으로 맞서는 사람이 드물어. 우람이는 대단한 거야."

"그렇구나. 우람이는 멋지구나."

그 사실을 깨닫자, 조금 전 속상했을 때와는 다르게 기쁨의 눈물이 나올 뻔했다.

그때 토형이 무언가를 떠올린 듯 날 향해 말했다.

"도담아, 있는 힘껏 높이 점프해 봐."

'뜬금없이 점프? 왜 갑자기…….'

"어서 해 보라니까. 최대한 높이 점프하는 거야. 어서!"

이유는 모르겠지만 일단 시키는 대로 있는 힘껏 뛰었다.

"하나, 둘, 점프!"

내가 착지를 하자 토형이 크게 박수를 쳤다.

"지금 높이 점프하기 전에 몸을 낮게 웅크렸지? 기억나?"

"아, 그러네! 웅크렸다가 뛰었어!"

나는 의식하지 못했지만 확실히 웅크렸던 게 생각났다.

"높이 점프하기 위해서는 그 전에 몸을 웅크려야만 해."

정말이다. 웅크리지 않고 높이 뛰려고 했지만 잘 안 됐다.

"낮게 웅크릴수록 보다 높이 뛸 수 있어. 이와 마찬가지로 힘든 역경을 극복한 사람일수록 그 뒤에 높이 날 수 있지. 우람이는 집안 사정 때문에 힘든 상황에 처해 있어. 그러니까 지금 우람이는 웅크린 상태인 거야. 하지만 이 역경이 지나가면 분명 높이 점프할 수 있을 거야. 그런 사람의 미래를 위해 생활보호 제도가 있는 거고."

"생활보호를 받는다는 건 창피한 일이 아니구나."

"여러 가지 이유로 일을 해서 돈을 벌기가 어려울 수 있어. 그

런 사람들을 위해 존재하는 것이 '기초생활보장' 제도야. 어려운 사람을 돕는 제도가 있다니, 멋지지 않아? 서로 돕기 위해 모두가 세금을 낸다는 게 말이야."

"엄마도 아빠도 종종 '세금이 비싸다.'면서 불평을 하는데, 서로 돕는 것이라고 생각하면 좋은 일이네."

"맞아. 세금을 내는 쪽은 힘들 수도 있지만, 국가적인 차원에서 보면 세금이라는 수입 덕분에 어려운 사람을 도울 수 있는 거야. 최근에는 빈곤 아동이나 아동 방임 문제가 점점 많아지고 있어. 부모에게 폭력을 당하는 어린이도 있고. 그런 아이들을 지키는 것은 어른의 책임이야. 그렇게 자신이 가진 돈과 힘으로 약한 사람을 돕는 사람이 바로 훌륭한 사람인 거야."

"세금은 그런 아이들을 돕는 것 말고 또 어떤 일에 쓰이는데?"

"국가는 세금이라는 '벌이'로 학교나 경찰을 운영하기도 하고, 도로와 다리를 건설하기도 하면서 '쓰는' 거야."

"그렇구나. '벌다'와 '쓰다'로 돈이 도는 건 개인이나 국가나 마찬가지네. 돈 공부를 하니까 머릿속에 쏙쏙 들어와."

"개인도 국가도 절대 낭비를 하면 안 돼. 돈은 반드시 의미 있는 일에 써야 하니까. 우람이 같은 아이에게 생활보호비가 지급되는 것은 좋게 쓰는 거지."

"우람이는 지금 힘들지만 언젠가 분명 높이 점프할 수 있겠지?"

"물론이야. 분명 좋은 일을 하면서 다른 사람의 아픔을 이해할 수 있는 어른이 될 거야. 돈벌이를 하기 위해서는 두근거림의 준비뿐만 아니라 우람이처럼 어려움을 견디는 일도 필요해. 요전에 이야기한 사과나무도, 비나 바람을 견딤으로써 강해지는 법이거든. 나무가 자라려면 따뜻한 햇빛, 물, 영양분 말고도 겨울의 매서운 추위나 여름의 더위가 꼭 필요해. 이렇게 어려움을 견디면서 나무는 비로소 강해지지. 사람도 어려움을 견뎌야만 그것을 발판 삼아 도약할 수 있어. 어려움을 견디는 것, 그에 '꺾이지 않는 마음'을 지니는 것은 나중에 크게 도약하기 위한 준비야."

"그럼 정말 다행이다. 우람이는 틀림없이 높이 도약할 테니까!"

"도담이도 미래의 돈벌이를 위해 노력하는 과정에서 분명 괴로운 일도 겪게 될 거야. 그럴 때 도망치면 안 돼. 일부러 벽에 부딪쳐서 극복해 낼 수 있을 만큼 꺾이지 않는 마음을 가져야 해. 그러면 반드시 돈의 열매를 잔뜩 맺을 수 있을 거야!"

"괴로울 때는 도약을 위해 웅크린 상태라고 생각하면 되겠구나. 물론 괴로운 상황에서 그렇게 생각하기는 어려울지도 모르지만, 해 볼게."

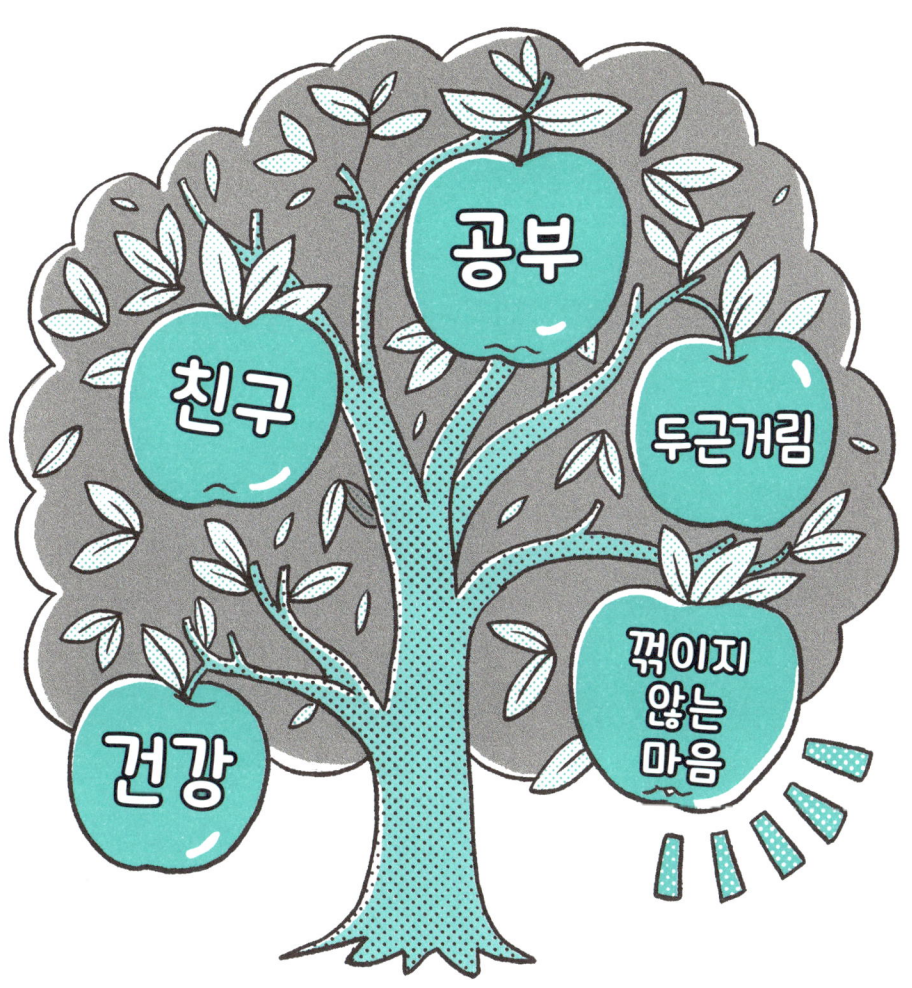

"오오, 좋은 마음가짐이야. 괴로운 일이 있으면 우울해져서 좀처럼 긍정적으로 생각하기 어렵지. 하지만 그걸 꾹 참고 어려움을 견디는 경험이야말로 사람을 크게 성장시켜. 그러니까 도담아, 실패해도 괜찮으니까 계속 도전해 봐. 요즘은 어른부터 아이까지 모두가 '실패하지 않는 것'만 생각해. 그래선 안 돼. 실패를 두려워하면 그 어떤 새로운 일에도 도전할 수 없거든."

뜨끔했다. 확실히 실패는 무섭다. 나는 남들보다 배로 겁이 많기도 하고. 하지만 그에 굴하면 안 되는 거다.

"돈을 버는 일도 그렇지만, 삶 자체가 오래 이어지는 장기전이야. 인생을 사는 동안 계속 이길 수만은 없는 법이야. 졌을 때, 그리고 일이 잘 풀리지 않을 때 꺾이지 않는 마음가짐이 무엇보다 중요해."

"토형, 잠깐 의논하고 싶은 게 있는데 괜찮아?"

"무슨 일인데?"

"나, 깊이 반성했어. 과자를 나눠 주겠다니, 우람이한테 무례한 짓을 할 뻔했지 뭐야. 그건 우람이를 무시하는 일이었어. 그래

- 높이 '도약하기' 전엔 웅크려야 하는 법.
- 괴로워도 '꺾이지 않는 마음'을 지니자.

서 우람이한테 사과를 하고 싶어. 사과라기보다 고마움의 선물이라고 하는 편이 좋으려나? 내 친구로 있어 줘서 고맙다는 마음, 그걸 전할 방법을 생각해 봤어."

"어떤 방법인데?"

"아빠에게 부탁해서 우리 가게에서 '햄버그스테이크 요리 교실'을 여는 거야. 수업에 참가한 사람에게 맛있는 햄버그스테이크 만드는 법을 가르치는 거지. 거기에 우람이도 부를 생각이야. 그러면 우람이도 스스로 햄버그스테이크를 만들 수 있겠지? 우람이는 햄버그스테이크를 엄청 좋아하거든."

"우람이에게 맛있는 햄버그스테이크 만드는 법을 선물하겠다는 뜻이구나."

"스스로 요리를 할 수 있다면 레스토랑에 가지 않아도 저렴하고 맛있는 햄버그스테이크를 만들어 먹을 수 있잖아?"

"그렇군. 그것 참 좋은 아이디어인걸. 그러면 아빠에게 부탁해 봐."

토형이 빙긋 웃었다.

"응, 우람이랑 아빠에게 이야기해 볼게!"

똑똑한 경제 상식 ⑨
소중한 세금에 대해 알아 두자!

여러분, 우리 생활에 '벌다'와 '쓰다'가 있다는 건 알고 있겠지. 이 '벌다'와 '쓰다'에는 각각 세금이 부과돼.

● 돈을 '벌 때' 부과되는 세금

번 돈에는 금액에 따라 소득세와 주민세가 부과돼. 소득세는 국가에, 주민세는 지자체(지방 자치 단체)에 내는 거야.

● 돈을 '쓸 때' 부과되는 세금

돈을 내고 쇼핑을 할 때는 부가가치세가 부과돼. 여러분도 슈퍼마켓이나 문방구에서 물건을 살 때 물건값과 함께 지불하고 있어.

개인에게 부과되는 세금

벌다		쓰다
소득세 주민세		부가가치세

이 밖에도 술에 부과되는 주세, 자동차에 부과되는 자동차세처럼 특정 상품에 부과되는 세금도 있어. 개인이 아닌 회사에는 법인세가 부과되지. 이런 식으로 세금에는 여러 종류가 있어.

국가나 지자체에서 이렇게 다양하게 거둬들인 세금은 학교나 병원, 경찰서나 시청, 공원, 도로의 건설 및 유지 보수, 쓰레기 수거, 우람이도 받고 있는 생활보호 등에 사용돼.

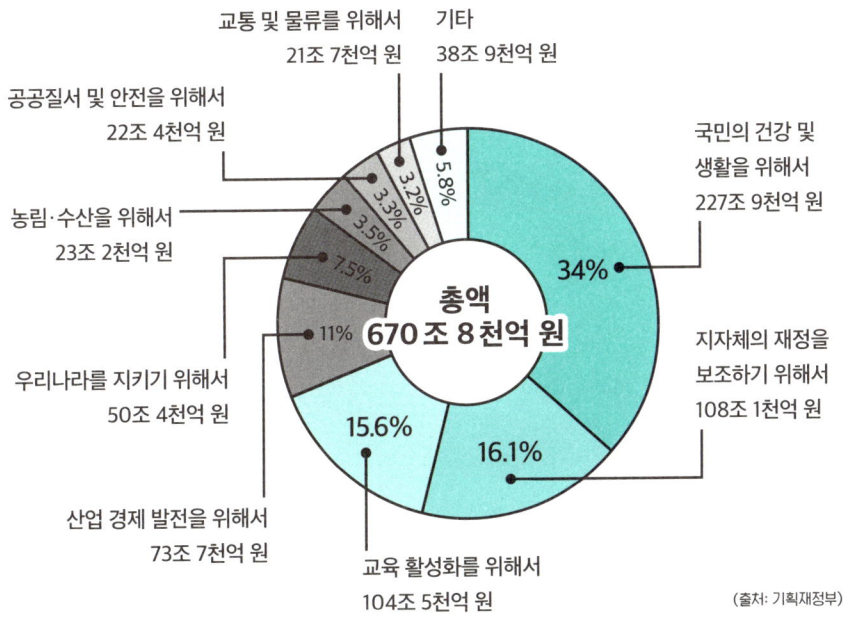

우리나라 분야별 세출 예산(2022년)

- 교통 및 물류를 위해서 21조 7천억 원 3.2%
- 기타 38조 9천억 원 5.8%
- 공공질서 및 안전을 위해서 22조 4천억 원 3.3%
- 농림·수산을 위해서 23조 2천억 원 3.5%
- 우리나라를 지키기 위해서 50조 4천억 원 7.5%
- 산업 경제 발전을 위해서 73조 7천억 원 11%
- 교육 활성화를 위해서 104조 5천억 원 15.6%
- 지자체의 재정을 보조하기 위해서 108조 1천억 원 16.1%
- 국민의 건강 및 생활을 위해서 227조 9천억 원 34%

총액 670조 8천억 원

(출처: 기획재정부)

여러분은 혹시 서울시교육청에서 서울 지역 모든 중학교 1학년 학생에게 학교 수업에 사용할 태블릿 PC를 나눠 준다는 소식을 들어 본 적 있어? 어린이들이 컴퓨터나 태블릿을 사용할 수 있도록 하려는 국가 차원의 정책이야. 여러분이 내는 세금은 이처럼 평소 생활에 필요한 곳부터 미래를 위해 필요한 곳까지, 중요한 일에 쓰이고 있지.

3. 돈이 없을 때는 머리를 써라!

학교 쉬는 시간, 나는 우람이 곁으로 갔다.
"우람아, 잠깐 할 얘기가 있는데 괜찮아?"
"응."

나는 우람이에게 햄버그스테이크 요리 교실에 대한 아이디어를 이야기했다. 우리 레스토랑에서 햄버그스테이크 요리 교실을 열 거라는 것, 거기에 우람이도 참가했으면 좋겠다는 것, 가능하면 참가만 하는 게 아니라 여러 가지 일을 도와주었으면 좋겠다는 것까지. 갑작스러운 제안에 당황한 듯 보였지만, 우람이는 "그거 좋다, 할게!"라며 평소처럼 씩씩하게 대답했다. 좋아, 우람이가 도와준다니 첫발은 내디딘 셈이다.

다음은 아빠를 설득해야 한다. 이건 조금 어렵다. 왜냐하면 우리 아빠는 그런 일을 스스럼없이 할 타입이 아니기 때문이다. 평소 사교적이라기보다는 오히려 완고한 성격에 가까운 사람이다.

"그런 걸 어떻게 해!"라며 호통을 칠지도 모른다. 따라서 신중하게 다가가야 한다.

학교에서 돌아온 나는 아빠가 일을 끝내기를 기다렸다. 아빠는 가게 문을 닫으면 항상 거실에서 텔레비전을 보면서 맥주를 마신다. 그 휴식 시간이 기회다.

"저기, 아빠, 묻고 싶은 게 있는데……."

"응, 뭔데?"

"레스토랑을 하면서 두근거리는 일이 뭐야?"

"뭐야, 갑자기. 두근거리는 일? 으음……."

아빠는 잠시 생각에 잠긴 듯 대답하지 않았다. 나는 질문을 바꾸었다.

"요즘 가게는 좀 어때? 매상이라든가."

"여전히 좋지 않아. 손님이 계속 줄고 있거든."

"그렇게 어려운데 왜 가게를 계속하는 거야?"

"그야, 당연히 해야만 하니까. 가게를 열지 않으면 돈을 벌 수 없고, 그렇게 되면 우리 가족이 생활할 수가 없잖아."

"하지만 가게를 열어도 돈을 못 벌잖아? 그래서 엄마가 파트 타임으로 일하러 나가는 거 아냐?"

내 질문에 대답이 돌아오지 않았다.

아빠는 남은 맥주를 컵에 따르고 단숨에 마시더니 불퉁스럽게 텔레비전으로 시선을 돌렸다.

큰일이다. 완전히 실패다.

"아빠 쪽이 실패였구나."

이야기를 다 들은 토형은 으음, 하고 신음하며 고개를 숙였다.

"도담아, '가게를 열어도 돈을 못 벌잖아?'라는 말은 아빠로서 아들한테 가장 듣기 싫은 말이었을 거야."

"왜 듣기 싫은데?"

"아빠 스스로도 알고 있으니까. 어떻게든 손을 써야 한다는걸. 하지만 지금은 아무것도 못 하고 있잖아. 기다리다 지친 엄마는 파트타임으로 일하기 시작했고, 이제는 아들까지 그런 말을 하니까 마음의 상처가 됐을 거야."

"내가 어떻게 해야 하는 걸까?"

어쩌면 가게 영업은 내가 걱정할 일이 아닌지도 모른다. 하지만 아빠가 지금 웅크리고 있다는 건 알겠다.

"으음, 너희 아빠는 사전 준비가 부족한 거야."

한동안 말이 없던 토형이 미간을 찌푸리며 말했다.

"아빠는 사전 준비를 정성껏 한다고 전에 말했잖아."

"그건 요리에 대한 사전 준비잖아. 그것 말고 또 다른 사전 준비 말이야."

"또 다른 사전 준비라니, 그게 뭔데?"

"사전 준비에는 두 가지가 있어. 하나는 '요리의 사전 준비',

다른 하나는 '장사의 사전 준비'야. 아빠는 요리의 사전 준비는 아주 정성껏 해. 하지만 그건 단지 요리를 맛있게 만들기 위한 준비일 뿐이야. 미래의 돈벌이를 위해 준비해야 하는 장사의 사전 준비도 중요한데, 안타깝지만 지금 아빠는 그걸 못하고 있어."

"좀 더 쉽게 말해 줘."

"장사에도 유행이 있어. 근래에 상점가에서 문을 닫은 몇몇 가게들은 바로 그 유행에 따라 방식을 바꾸지 않아서야. 장사를 오래 하려면 시대에 맞추어 방식을 바꾸어야 해. 그게 장사의 사전 준비야. 아빠는 그걸 안 하고 같은 일을 계속 반복하고 있는 거지."

"그렇구나. 하지만 토형, 장사의 사전 준비는 지금부터 해도 되는 거야? 지금부터라도 노력하면 나중에 도약할 수 있을까?"

"물론이지. 아빠만 그렇게 하기로 마음먹는다면 충분히 가능해. 바로 지금이 승부처야. 어떻게 하면 손님이 가게를 다시 찾게 될까? 그걸 생각하면 나중에 도약할 수 있어."

"이를테면, 가게를 리모델링해서 깨끗하게 만드는 건 어때?"

"리모델링은 돈이 많이 들잖아. 돈을 들이지 않고 고객의 수를 늘리는 방법을 생각해야 해. 그러니까 머리를 써서 지혜를 짜내야지. 아빠는 그걸 잘 못하니까 그저 요리의 맛으로만 승부를 보려고 해. 그것도 좋은 방법이기는 하지만…… 아아, 답답해!"

"어떻게 하면 아빠가 장사의 사전 준비를 생각하게 될까?"

"아빠의 직업은 요전에 이야기한 그룹 ②에 속해. 따라서 어떤 장사를 할지 스스로 정할 수 있는 자유가 있어. 대신 결과가 좋지 않을 때의 책임도 자신이 져야 하지. 장사가 잘되지 않고 있는 지금, 장사의 사전 준비를 다시금 고민할지, 아니면 아무것도 하지 않고 손님이 돌아오기만을 기다릴지, 선택은 아빠의 몫이야. 아빠가 노력하기를 기대하면서 지켜볼 수밖에 없어."

"손님이 줄었는데 아무것도 하지 않으면 큰일인데……."

"인생에서는 생각대로 되지 않는 일, 힘든 일이 반드시 찾아오지. 그중에서도 가난의 괴로움은 특별해. 병에 걸리거나 다쳤을 때는 사람들이 친절하게 대해 주지만, 가난해지면 다들 떠나가거든. 그러니까 더욱 가난은 스스로 극복해야만 해. 요즘 세상에 작은 레스토랑이 장사를 계속해 나가기는 그리 쉽지 않아. 아빠에게는 지금이 중요한 고비야."

"잘 알겠어. 그렇지만 왜 아빠는 그렇게 가게를 유지하는 것에 집착하는 걸까? 가게를 닫고 어디 다른 레스토랑에서 근무하는 방법도 있는데 말이야."

"아빠에게 가게를 닫고 싶지 않은 이유가 있겠지. 그건 돈 때문만은 아니야."

"무슨 말이야?"

"음, 알려 줘도 괜찮겠지. 아빠가 쓰는 수첩이 있지? 그 수첩 커버 안에 편지가 들어 있어. 그걸 슬쩍 살펴봐. 그러면 아빠가 힘든 상황에서도 가게를 계속하려는 이유를 알 수 있을 거야."

엄마 아빠가 잠든 깜깜한 밤, 난 거실에 몰래 숨어들어 작은 등을 켰다. 역시, 아빠의 수첩은 늘 있던 곳에 놓여 있었다. 수첩의 커버를 벗기자, 안쪽에 작게 접힌 편지가 끼워져 있었다. 토형이 말한 대로다. 그 너덜너덜한 편지를 펼치자, 어디선가 본 적이 있는 지저분한 글씨가 나타났다. 그건 바로 내가 유치원생일 때 쓴 것이었다. 어버이날에 쓴 '아빠가 하는 일'. 그곳에는 삐뚤빼뚤한 글씨로 분명하게 적혀 있었다.

> 아빠가 만든 햄버그스테이크는 세상에서 제일 맛있습니다.

이런 편지를 지금껏 소중하게 간직하고 있었다니……. 나는 코끝이 찡해졌다.

4. 요리 교실로 기사회생할 수 있을까?

"급식카드를 쓰는 친구들을 불러도 될까?"

작전 회의 도중에 우람이가 조심스럽게 말을 꺼냈다.

"형편이 어려운 어린이를 위한 급식카드를 가지고 있는 친구들 중에도 햄버그스테이크 만드는 법을 배우고 싶은 아이가 있을 것 같은데."

"좋은 생각이야! 부모님들도 함께 참가하면 좋겠다."

참가자가 늘어나서 모임이 활기를 띠는 건 대환영이다. 우람이는 역시 대단하다. 다른 아이들까지 생각하다니.

'햄버그스테이크 요리 교실'의 계획은 완성됐다. 이제 아빠를 설득하기만 하면 된다. 저번에는 아빠를 설득하는 데 실패했다는 걸 털어놓았더니 우람이가 먼저 "나도 갈게. 둘이 같이 아저씨한테 부탁해 보자."라고 했다. 우람이가 이렇게 말해 주어서 내가 얼마나 안심했는지 모른다.

드디어 아빠에게 부탁하기로 한 휴일이다. 우람이와 나는 우리 집 거실 탁자에 나란히 앉았다. 아빠는 우리를 위해 주스를 준비해 준 다음 탁자 반대쪽에 앉았다.

우리는 아빠에게 햄버그스테이크 요리 교실에 대해 설명했다.

우리 레스토랑이 쉬는 일요일에 하고 싶다는 것, 아빠가 맛있는 햄버그스테이크 만드는 법을 가르쳐 주었으면 좋겠다는 것, 많은 아이들과 부모가 참가하길 바란다는 것, 날짜가 정해지면 전단지를 만들어서 홍보하겠다는 것까지. 아빠는 의외로 열심히 이야기를 들어 주었다. 우람이가 옆에 있어서였을까. 우람이의 가정 사정은 아빠도 알고 있다. 아빠는 때때로 내게 질문하면서 흠흠 하고 이야기를 들었다. 이야기를 다 끝낸 우리는 "부탁드립니다!" 하며 함께 고개를 숙였다.

"좋아. 한번 해 보자, 햄버그스테이크 요리 교실."

그 시원스러운 한마디에 요리 교실 개최가 결정되었다. '해냈다!' 하고 승리의 포즈를 취하면서도, 한편으로는 '아빠, 정말 괜찮은 거 맞나?' 하는 마음도 들었다. 뭐, 아무튼 요리 교실을 열 수 있게 되었으니 다행이다.

긴장이 풀리자마자 "다녀왔습니다!" 하는 기운찬 목소리가 거실에 울려 퍼졌다. 외출했던 엄마가 돌아온 것이다.

"안녕하세요?"

우람이가 고개 숙여 인사했다.

"아, 우람이도 있었구나? 반갑다."

엄마는 부산스럽게 주방에 가서 주스를 더 가져오더니 아빠

옆에 앉았다.

"셋이서 무슨 얘기를 나눈 거야?"

우리는 뒤늦게 온 엄마에게 햄버그스테이크 요리 교실에 대해 설명했다.

"어머, 재미있을 것 같네. 너희들이 생각한 거니? 굉장한걸!"

엄마는 이런 모임을 좋아하는 모양인지 "나도 뭔가 도울 게 있을까?"라며 적극적이었다. 결국 햄버그스테이크 요리 교실의 전단지 만들기는 엄마가 도와주기로 했다. 의욕이 넘치는 엄마에 휩쓸렸는지 아빠도 덩달아 이런저런 아이디어를 냈다. 재료나 식기 개수는 어떻게 할지, 시간은 어느 정도 걸릴지, 레시피 설명서를 만드는 편이 좋을지 등을 말이다.

넷이서 이야기를 나누다 보니 순식간에 밤이 되었다.

"우람아, 저녁밥은 우리 집에서 먹고 가렴."

우람이는 일단 거절했지만 "사양하지 말고 먹고 가."라며 엄마가 억지로 붙들었다. 저녁 식사를 하는 동안에도 햄버그스테이크 요리 교실에 대한 이야기는 계속 이어졌다.

"좋았어, '비밀 레시피'를 공개하지! 여보, 전단지가 완성되면 반상회 때 마을 사람들에게도 이야기를 해 보자고."

아빠가 의욕을 내비쳤다.

나는 엄마와 아빠가 사이좋게 대화하는 모습이 너무 좋았다. 우람이도 이 순간만큼은 우리 가족 같았다.

사실…… 또 다른 이유로 나는 혼자 마음속으로 몰래 기뻐하고 있었다. 바로 아빠를 위해 생각한 장사의 사전 준비가 왠지 성공할 것 같다는 기대 때문이었다. 토형의 말대로 지금처럼 계속 일을 해 봤자 손님은 오지 않는다. 하지만 이 요리 교실을 통해 많은 손님이 아빠의 햄버그스테이크 맛을 알아줄 것이고, 그러면 다들 우리 가게를 찾아 줄 것이 틀림없다. 이런 걸 기사회생이라고 하지.

그날 밤 흥분한 탓에 좀처럼 잠이 오지 않았다. 나는 침대 속에서 줄곧 싱글벙글했다. 후후, 나란 사람, 혹시 천재 아닐까?

내일은 햄버그스테이크 요리 교실이 열린다. 하루 앞둔 오늘, 지금까지 준비는 순조롭게 진행되고 있었다. 전단지의 문구는 나와 우람이가 쓰고, 그걸 엄마가 프린터로 예쁘게 인쇄했다. 우람이는 어린이 식당의 친구들에게도 그 전단지를 나눠 주었고, 나도 학교와 학원 친구들에게 전단지를 나눠 주었다.

아빠는 비밀 레시피를 공개하니까 많이들 찾아오겠지, 하고 자신만만한 모습이었다.

"가게에 다 못 들어올 정도로 참가자가 몰리면 어쩌지?"라고

걱정하던 아빠는 엄마와 이야기를 나누더니, "그러면 한 번 더 하면 되겠지?" 하고 말하며 환하게 웃었다.

그러나…… 신청자는 생각보다 적었다. 엄마와 아빠의 지인도, 나와 우람이의 친구도, 다들 휴일에 여러 가지 일로 바쁜 모양이었다.

신청자는 동네 할머니와 아주머니 몇 명에 불과했다. 결국 아빠가 잔뜩 주문한 재료는 쓸모없게 되어 버렸다.

요리 교실이 열리기 전날 밤, 늦게까지 잠을 이루지 못한 나는 아빠가 너무 걱정된 나머지 계단을 슬쩍 내려가 가게 안을 엿보았다.

불이 꺼진 레스토랑 한구석에 웅크린 아빠가 보였다. 약간 굽은 등이 아빠를 더욱 작아 보이게 만들었다. 그렇다. 아빠는 자신감을 잃어버렸다. 자존심에 갈기갈기 상처가 났다.

슬며시 방으로 돌아온 나는 '엄청난 짓을 저질렀다'는 것을 깨달았다. 편지의 보답으로 아빠에게 용기를 주려고 했는데, 더 웅크리게 만들고 말았다.

난 그저 마음속으로 사과할 수밖에 없었다.

'죄송해요, 아빠. 정말 죄송해요.'

똑똑한 경제 상식 ⑩
배고파도 밥을 먹지 못하는 아이들이 있어!

배가 고파도 밥을 먹을 수 없다면 어떨까? 기운이 없어 아무것도 할 수 없을 거야. 특히 아프리카는 식량 부족이 심각해서 기아(먹을 것이 끊임없이 부족하여 죽을 정도로 괴로운 삶을 살고 있는 것)에 시달리는 경우가 많아. 하지만 우리 주변에도 굶주리는 사람들이 많아. 우리가 관심을 가지지 않을 뿐이지.

학교에서 나오는 급식을 먹을 때 맛없는 음식은 안 먹을 때도 있지? 외식을 할 때도 음식을 남기는 경우가 많고. 누구나 이런 경험이 있을 거야.

전 세계로 볼 때는 모든 사람이 충분히 먹고도 남을 만큼의 식량이 있지만, 여전히 세계 곳곳의 사람들은 굶주림에 시달리고 있어. 게다가 코로나19로 인해 기아 문제와 식량 문제는 더 큰 위기를 맞이했어. 왜냐하면 세계 여러 나라가 문을 닫고 무역 제한을 했기 때문에 식량 교역에 차질이 빚어졌거든. 그 바람에 소득이 줄어든 취약계층의 경우에는 식량을 구하기가 더욱 어려워졌어.

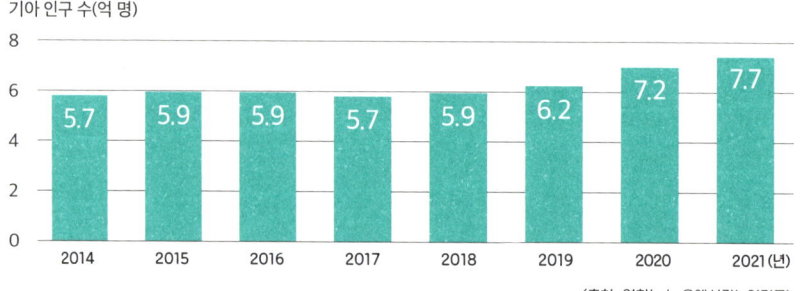

세계 기아 인구(2014~2021년)
(출처: 연합뉴스, 유엔식량농업기구)

실제로 전 세계의 기아 인구는 약 8억 명이야. 그러니까 8명 중 1명은 식량 부족으로 큰 고통을 받고 있어. 그중 5세 미만의 아이의 경우 5명 중 1명이 제대로 먹지 못해 성장하지 못하고 있어. 물론 우리 주변에도 제대로 밥을 먹지 못하고 돌봄을 받지 못하는 친구들이 있지.

가까운 나라 일본은 '어린이 식당'을 운영하고 있어. 이곳에서는 지역 주민들이 무료로 또는 저렴한 가격으로 어린이에게 식사를 제공해. 우리나라는 서울시를 비롯한 각 지자체에서 기초생활보장 수급자, 차상위 저소득 계층, 한 부모 가정 학생 등 형편이 어려운 18세 미만 학생에게 아동급식카드를 발급해. 이 카드로 편의점, 제과점, 일반 음식점에서 하루 식사로 8,000원 정도를 쓸 수 있어.

우리는 누구나 나와 가족이 안전하고 영양가 있는 음식을 충분히 먹길 원해. 음식을 충분히 섭취하지 못한 사람은 질병에 걸릴 위험이 더 높으며, 돈을 벌어 생계를 개선해 나가기 어려운 경우가 많으니까. 따라서 적절한 수준의 식량을 공급받고 섭취하는 것은 기본적인 인권에 해당한다고 볼 수 있어.

유엔세계식량계획(WFP)은 세계 최대 규모의 인도적 지원 기관이야. 긴급 상황에서는 생명을 구하고 분쟁과 재난, 기후 위기를 극복 중인 지역에는 식량 지원을 통해 평화로 가는 길을 만들어. 가난과 굶주림으로 힘들어하는 세계 곳곳의 나라를 돌아다니며 마을의 피해 상황이 어떤지, 집집마다 식량은 얼마나 남았는지, 건강이 안 좋은 어린이는 없는지 꼼꼼히 조사해. 그리고 지원이 필요한 곳에서는 마을 사람들과 정부 공무원들과 회의를 거쳐 마을에 긴급 급식소를 운영해. 긴급 급식소 운영이 결정되면, 유엔세계식량계획에서는 즉각 구호 식량을 마을로 보내 줘.

5

진정한 부자가 되는 비결
'감사의 마음' 순환

아빠의 한마디가 가게의 미래를 바꾸다!

그날은 아침부터 날씨가 맑았지만 마음은 울적했다.

좌락

'햄버그스테이크 요리 교실'은 무사히 열릴까? 걱정이 앞선다.

햄버그스테이크 프로에게 배워 보자!

양식 레스토랑 원기

WELCOME

참가자는 너덧 명. 무뚝뚝하기로 유명한 '자두 할머니'도 있었다.

아빠는 예상치 못한 인사말을 꺼냈다.

요리 교실을 시작하기 전에 한 말씀 드리겠습니다.

맑은 날도, 비 오는 날도, 매일 식사를 마련해 준 도담이 엄마, 정말 고생 많았어요.

1. 아빠가 '고맙다'는 인사를 한 이유

"돈을 벌기는 참 쉽지 않구나……."

햄버그스테이크 요리 교실이 끝난 날 밤, 아빠가 한숨 섞인 목소리로 중얼거렸다.

아빠가 이런 식으로 말문을 여는 것은 드문 일이다. 긴장이 풀려서 한숨 돌리는 것인지도 모르지만.

"햄버그스테이크 같은 것에는 이제 다들 관심이 없나 봐. 지금은 싸고 맛있는 음식이 잔뜩 있으니까 말이야. 오늘을 계기로 손님들이 돌아오면 좋겠다고 생각했는데, 안일했어."

나는 큰맘 먹고 아빠에게 하고 싶었던 질문을 던져 보았다.

"저기, 아빠, 아까 요리 교실을 시작할 때 왜 그런 인사말을 한 거야?"

"아아, 그거……."

잠시 말을 멈춘 아빠는 냉장고에서 맥주를 꺼내 와 한 모금 마시고 나서 다시 이야기를 시작했다.

"기억나니? 얼마 전에 도담이가 아빠한테 '레스토랑을 하면서 두근거리는 일이 뭐야?'라고 물었던 거."

"그럼, 당연히 기억하지."

"그때 아빠는 아무 대답도 할 수 없었어. 그 뒤에도 계속 생각해 봤지만, 모르겠더라. 참 난처했어. 그런 중요한 질문에 대답할 수 없다니, 아빠로서 실격이야. 한심하지."

"……."

"그래서 어떻게든 만회해 보고 싶어서 도담이가 생각해 낸 요리 교실에 도전해 보기로 한 거야. 그랬는데 이것도 실패하다니. 정말이지 이젠 자신감을 잃었어."

아빠는 고개를 숙인 채 후우, 하고 긴 한숨을 내쉬었다.

"요리 교실에 기대한 만큼 사람이 모이지 않았잖아? 그러니까 참가해 준 사람들이 고마웠고 그래서 더더욱 최선을 다해서 대접하기로 한 거야."

"그래서 그런 인사를 한 거야?"

"다시 한번 생각해 봤어. 내가 이 일을 하면서 두근거리는 건 언제일까 하고. 그리고 겨우 깨달았어. 아빠는 아빠 요리를 먹은 손님이 환하게 웃을 때가 제일 기뻐. 두근거림과는 조금 다른 것 같기도 하지만, 그때 이 일을 하는 보람이 느껴지거든. 바로 그 점 때문에 이 일을 계속할 수 있었어."

맥주를 꿀꺽 한 모금 마시고, 아빠는 말을 이었다.

"하지만 요즘에는 손님이 줄어서 '감사합니다.'라는 말을 들을 기회도 덩달아 줄어들었어. 옛날과 달리 '맛있었어요!'라고 말해 주는 손님도 얼마 없고. 그래서 기가 죽었나 봐. 계속 우울해지고. 그 이유 때문인지 매일 밥을 만들어 주는 엄마에게 '고마워.'라는 말을 하는 것도 잊어버렸어. 그러면 안 되는데."

나는 조용히 귀를 기울였다.

"그래서 깊이 반성하고, 새삼스럽지만 엄마한테 고맙다는 말을 하기로 한 거야. 그랬더니 요리를 만드는 모든 사람들에게도 '고맙다'는 말을 하고 싶어졌어. 아빠는 이 일이 직업이니까 요리를 만드는 게 당연하지만, 모든 엄마들이 자기 가족을 위해 요리를 만드는 건 정말이지 힘들겠다 싶었거든. 게다가 쉬는 날도 없이 날마다 하잖아? 그 고생을 상상하니까 '정말 고생 많으셨습니다. 감사합니다.'라고 말하고 싶어지더라. 아빠는 요리사니까 요리를 하는 사람의 마음을 누구보다 잘 알 수 있거든. 힘들게 일하고 '고맙다'는 말을 듣지 못하는 건 괴로운 일이야."

"그래서였구나. 그 인사의 의미를 이제야 알겠어."

"그렇게 매일 내 식사를 챙겨 주는 사람에게 고맙다는 말도 하지 못했는데, 손님한테 그 말을 쉽게 들을 리가 없지. 늦었지만 깨달았어. 그래서 요리 교실을 통해 엄마랑 참가자한테 감사 인사를 하기로 한 거야. 그리고 감사의 마음을 담아 햄버그스테이

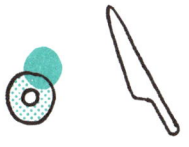

크를 만들었지."

"감사하는 마음은 엄마한테도 잘 전달됐을 거야. 또 요리를 만드는 사람에 대한 아빠의 마음도 확실하게 전달됐을 거라고 생각해. 아, 그리고, 물론 햄버그스테이크도 엄청 맛있었어."

"그거 다행이네. 평소보다 맛있게 만들어야지, 하고 기합을 잔뜩 넣었거든."

아빠는 맛있게 맥주를 비우고 빙긋 웃었다.

그 모습을 보고 있자니 왠지 나도 같이 건배를 하고 싶어져서, 냉장고에서 녹차를 꺼내 왔다.

"아빠, 고생했어. 건배!"

"오오, 고맙다. 도담이도 수고 많았어. 건배!"

두 개의 잔이 맞부딪치며 짠, 하고 무척이나 경쾌한 소리가 났다. 이 분위기라면 이야기를 꺼내도 괜찮을 것 같다.

"저기, 아빠, 오늘 '가게를 언제까지 계속할 수 있을지 모르겠다'고 했잖아? 우리 가게, 그렇게 상황이 안 좋아? 가게가 없어지면 아쉬워할 손님도 많을 텐데."

"아빠도 계속하고 싶지. 하지만 이렇게까지 매상이 줄면 솔직히 계속 가게를 유지하기 힘들어. 근처 상점가의 가게들도 문을 많이 닫았잖아? 특히 개인이 경영하는 레스토랑은 장사를 지속

하기가 더더욱 어려워."

"확실히 상점가에도 레스토랑이 줄어들긴 했더라고. 점심시간에도 셔터가 내려진 가게가 많아졌어."

"어떻게든 조치를 취해야 하는데, 사실 어디부터 손을 대면 좋을지 아빠도 잘 모르겠어. 이런 얘기를 도담이한테 해 봤자 소용없겠지만."

"그렇지 않아. 아빠가 나한테도 꼭 얘기해 줬으면 좋겠어. 아빠랑 돈에 관한 이야기를 하고 싶고, 또 아빠랑 같이 장사의 사전 준비에 대해서도 생각하고 싶어."

"응? 장사의 사전 준비, 그게 뭔데?"

"레스토랑의 사전 준비는 두 가지가 있는데, 요리의 사전 준비와 장사의 사전 준비야. 아빠는 요리의 사전 준비는 완벽하지만 앞으로 어떻게 장사할지에 대한 장사의 사전 준비도 생각해야만 해."

"자, 잠깐만, 도대체 그런 걸 다 어디서 배웠니?"

"아, 그건 말이지, 그, 그게…… 마, 맞다, 책에서 읽었어."

"그 책, 아빠도 읽어 보고 싶은걸. 무슨 책이야? 아빠한테도 보여 줘."

똑똑한 경제 상식 ⑪
한 접시에 1,000원인 초밥, 재료비는 얼마일까?

혹시 초밥 좋아하니?
우사미는 스테이크를 가장 좋아하지만, 초밥도 좋아해! 참치, 성게알, 연어알, 전부 다 좋아! 아아~ 상상하기만 해도 먹고 싶어지네.

여러분은 엄마 아빠와 함께 회전 초밥집에 가 본 적이 있니?
그 회전 초밥집에도 지금까지 공부해 온 '벌다'와 '쓰다'가 있다는 걸 아니?

가게의 '벌다'와 '쓰다'에는 어떤 것들이 있는지 생각해 보자!

'벌다'는 한 접시에 1,000원인 초밥을 손님이 얼마나 먹어 주었는가야. 이걸 매상이라고 해. 손님이 먹은 만큼 가게에 내는 돈이지.

'쓰다'는 생선이나 쌀 등의 재료비, 가게에서 일하는 사람들의 급여, 재료를 트럭으로 옮기는 운송비, 가게의 임대료 등 가게가 내는 돈이야.

회전 초밥집의 '벌다'와 '쓰다'

가게를 운영하는 사람은 여러 가지 고민을 해서 '벌다 > 쓰다'(버는 쪽이 크다)와 같은 상태를 만들려고 해. 그게 장사의 기본이니까.

참고로 우리들이 먹는 초밥의 재료비는 얼마일 것 같아?
한 대형 체인점의 재료비는 한 접시 1,000원 중 400원 정도야.
그만큼 싼 재료를 들여올 수 있으니까 한 접시를 1,000원에 팔아도 이득을 보는 거겠지!
하지만 그렇게 저렴한 가격에 재료를 들여올 수 있는 건 대형 체인점이 한꺼번에 많은 양을 사들이기 때문이야. 반면 개인이 운영하는 작은 초밥집은 재료를 그렇게 싸게 들여올 수 없으니까 아무래도 음식 가격이 비싸지게 되지. 대신 대형 체인점을 운영할 때는 본사에 수수료를 지불해. 개인이 운영하는 가게에서는 쓰지 않는 비용이지.

이런 장사의 구조를 이해하니 참 재미있지? 여기서 소개한 재료비 등의 정보는 회사의 결산서를 보면 알 수 있어. 여러분도 어른이 되면 결산서 보는 법을 공부하도록 해! 언젠가 우사미가 아주 좋아하는 초밥을 열심히 돈 공부하는 여러분이랑 같이 먹을 수 있으면 좋겠다!

2. 자두 할머니의 정체

"안타깝네요. 어쩔 수 없죠, 뭐."

"정말 죄송해요. 기대하고 오셨을 텐데."

엄마는 이렇게 말하며 연신 고개를 숙였다.

엄마가 사과하는 상대는 햄버그스테이크 요리 교실의 소문을 듣고 찾아온 아주머니와 그 딸로 보이는 여자아이였다. 다음번 햄버그스테이크 요리 교실에 참가하고 싶다면서 일정을 물어보러 온 모양이었다.

"죄송하지만 아직 예정이 없어요."

엄마의 말에 어린 여자아이가 울 것 같은 표정을 지었다.

"귀여운 아가씨, 미안해요."

여자아이의 얼굴 높이까지 몸을 수그린 엄마가 사과했다.

"언젠가 또 하게 되면 알려 주세요."

둘은 그 말을 남기고 돌아갔다.

나는 토형에게 오늘 있었던 일을 얘기했다.

토형은 기쁜 듯이 말했다.

"오호, 잘됐네. 그건 햄버그스테이크 요리 교실이 성공했다는 거야."

"하길 잘했어, 요리 교실."

"당연하지. 뭐든 생각만 하는 데서 그치지 않고 직접 해 보는 게 중요해. 이번에 도담이가 햄버그스테이크 요리 교실을 생각해 내고, 아빠와 엄마가 실제로 요리 교실을 열면서 여러 가지 변화가 일어났어. 이건 굉장한 일이야."

다행이다. 아빠를 주눅 들게 만들기만 한 거면 어쩌나 걱정했는데.

그런데 햄버그스테이크 요리 교실로 인한 변화는 이게 끝이 아니었다. 요리 교실이 끝나고 얼마 뒤, 레스토랑의 손님이 조금씩 늘어나기 시작한 것이다.

"아, 여기다, 원기정!"

스마트폰을 들고 찾아온 젊은 여성 손님들이었다. 그 손님들은 SNS를 보고 이 가게를 알게 된 모양이었다. 이런 일은 지금까지 없었다. 대체 누가 우리 가게에 관한 글을 SNS에 올린 걸까?

어느 날, 대가족의 예약이 들어왔다. 어린아이부터 어른들 그리고 할아버지와 할머니까지. 아이들을 선두로 온 가족이 줄줄이 가게로 입장했다. 제일 뒤에 어디선가 본 적이 있는 할머니가 들어왔다. 엄격해 보이는 그 얼굴, 자두 할머니다! 자두를 좋아해서 다들 그렇게 불렀다.

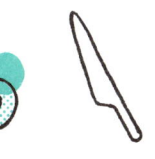

아무래도 자두 할머니가 가족과 친척들을 데려온 모양이었다. 자두 할머니가 가게 안으로 들어오자 엄마와 아빠가 그쪽으로 가서 인사를 했다.

"어서 오세요. 이렇게 찾아 주셔서 감사합니다."

퉁명스러운 표정의 자두 할머니는 딱딱한 표정인 채로 입을 열었다.

"나야말로 요리 교실에서 고마웠어요."

무어라 말하려는 아빠를 무시하고, 자두 할머니는 말을 이었다.

"나는 지금까지 셀 수 없을 정도로 많은 밥을 지어 왔어요. 그런데 '밥을 차려 줘서 고맙다.'라는 말을 들은 건 그때가 처음이었지요. 그리고 그 햄버그스테이크, 정말로 맛있더군요."

"아, 아니, 그런……."

생각지 못한 전개에 아빠는 말문이 막힌 것 같았다.

이 근방에서도 무섭기로 유명한 자두 할머니가 미소조차 짓지 않은 채 말을 이었다.

"나는 아주 오랫동안 이 가게를 다녔어요. 가족에게 축하할 일이 있을 때, 몇 번이나 왔지요. 그런 내게 있어서 이 원기정이 없어진다는 건, 그 추억이 다 사라지는 것과 같아요. 알겠어요? 그러니까 당신들, 이 가게를 닫으면 안 돼요."

아빠는 아무 말도 하지 못했다. 옆에 선 엄마는 학교 선생님에게 대답하는 학생처럼 성실하게 대답했다.
"네, 열심히 하겠습니다."
그때였다. 자두 할머니 옆에 있던 유치원생으로 보이는 여자아이가 스마트폰을 손에 들고 귀여운 목소리로 외쳤다.
"할머니 글에 또 '좋아요'가 늘어났어!"
그간 풀리지 않던 수수께끼가 풀린 순간이었다. 그 아이가 손에 든 스마트폰 화면에는 하트 마크와 이모티콘이 잔뜩 쓰여 있었다. 원기정을 SNS에 소개한 수수께끼 인물의 정체는 바로 자두 할머니였던 것이다. 자두 할머니는 심지어 엄청나게 유명한 인플루언서였다. 계정 이름은 '러블리 플럼'. 그렇지, 자두는 영어로 플럼이지…….

예상치 못한 전개에 무척 혼란스러운 듯 보였지만, 어쨌든 엄마와 아빠는 감사 인사를 하려고 자두 할머니 쪽으로 돌아섰다.

"이렇게 응원해 주시다니……. 어떻게 감사 인사를 드려야 할지……."

자두 할머니는 정체가 들통나고도 그 특유의 딱딱한 표정이 변하지 않았다. 자두 할머니는 등을 꼿꼿하게 펴더니 이렇게 말했다.

"이 가게가 망하면 내 체면이 말이 아니니까."

엄마와 아빠는 아무 말도 하지 못하고 그저 머리를 숙일 수밖에 없었다.

식사가 끝나고, 자두 할머니와 가족이 돌아갈 시간이 되었다. 엄마와 아빠는 가게 현관에서 그들을 배웅했지만, 자두 할머니는 엄마와 아빠의 눈도 마주치지 않고 갔다.

아빠는 그 뒷모습을 계속 바라만 보았다. 멀리 모퉁이를 돌아서 자두 할머니의 모습이 보이지 않게 된 그때, 아빠는 그쪽을 향해서 깊이 고개를 숙였다.

그것도 아주 오랫동안 말이다.

3. '감사함'을 늘리면 '벌이'가 늘어난다

"러블리 플럼이라니, 그거 멋지네!"

이야기를 다 들은 토형은 배를 잡고 바닥을 데굴데굴 구르며 웃었다.

"플럼 할머니의 효과가 엄청나구나. 역시 젊은 사람들은 주로 SNS를 보고 가게를 찾으니까. 그건 그렇고, 할머니, 사진 찍는 실력이 굉장한걸! 햄버그스테이크가 정말 맛있어 보여."

"그런데 자두 할머니는 왜 우리 가게를 그렇게 응원해 주시는 걸까? '이 가게가 망하면 내 체면이 말이 아니니까.'라는 말까지 하셨어."

"자두 할머니는 체면을 중하게 여기니까. 할머니의 말에 아빠도 엄마도 분명 의욕이 생겼을 거야. SNS를 이용해서 슬쩍 원기정을 응원해 주다니, 아주 폼 나는 방법인걸."

도형은 계속 감탄하면서 말을 이었다.

"원래 자두 할머니는 원기정을 무척 좋아했던 게 아닐까? 요리는 맛있지, 밝은 엄마 덕분에 가게 분위기도 좋지, 싫어할 이유가 없잖아? 그런데 요즘 저렴한 가게가 많아지면서 손님들이 그쪽으로 가 버렸으니. 개인이 경영하는 가게는 값으로 승부하면 결코 이길 수 없으니까 참 안타까워."

"아빠가 늘 말했어. 다들 저렴한 것만 찾게 된다면 우리처럼 작은 가게는 망할 거라고."

"손님이 와 주는 건 그 가게에 '응원의 한 표'를 던지는 거나 마찬가지야. 즉, 응원이 없으면 가게의 '벌이'가 없어져 버리지. 자두 할머니는 그걸 잘 알고 있었던 거야. 그래서 SNS를 통해 원기정을 응원하기 시작한 거고. 자두 할머니는 원기정의 햄버그스테이크는 약간 비싸지만 무척 맛있다는 걸 모두에게 전했어. 요리의 맛을, 그리고 이 가게를 남기고 싶은 마음 때문에."

자두 할머니의 다정함이 마음속 깊이 스며들었다. 얼굴은 그렇게나 무서운데 말이다.

"하지만 자두 할머니가 그렇게까지 행동한 것은 아빠의 한마디 때문이었다고 생각해. 햄버그스테이크 요리 교실에서 아빠는 감사의 마음을 확실하게 말로 전달했잖아? 그 말에 감동한 할머니가 아빠에 대한 감사의 마음을 SNS에 표현했던 거야."

"서로 감사의 마음을 나눈 거네."

"그런 셈이지. 고마운 마음을 서로에게 전하는 일은 인간관계에서 가장 중요한 일이야. 하지만 그뿐만이 아니야. 그건 돈벌이에 있어서도 무척 중요하다고."

"무슨 말이야?"

"이건 중요한 부분이니까 자~알 들어. 돈을 벌기 위한 방법에는 여러 가지가 있어. 또 그러한 직업들도 잔뜩 있지. 그중에서 돈을 많이 번다는 이유만으로 직업을 골라선 곤란해. 그래서는 오래 지속할 수 없거든. 그보다는 '감사합니다!'라는 말을 많이 들을 수 있는 직업을 찾아야 돼. 그게 오래, 즐겁게, 게다가 많은 돈을 버는 비결이야."

"돈보다 감사의 말이 더 중요하다고?"

"돈이 도는 것은 '쓰다'와 '벌다'의 순환이었잖아? 이와 마찬가지로, 가능하면 손님에게 '감사합니다!'라는 말을 할 수 있고, 손님에게서도 '감사합니다!'라는 말을 들을 수 있는 일을 찾는 거야. 감사의 순환이 늘어나면 돈도 잘 돌게 돼."

"그 순환이 바로 아빠와 자두 할머니에게 일어난 거구나?"

"맞아. 원기정에 감사의 마음이 순환하기 시작한 거야. 가게의 매상이 줄면서 자신의 벌이밖에 생각하지 않던 아빠가 어느 날 감사의 말을 입에 담았어. 거기서부터 모든 게 변하기 시작했지.

- 고마운 마음을 상대에게 전달하자.
- 감사의 말을 들을 수 있는 일을 찾자.

흐름이 바뀐 거야. 그러니까 앞으로 더더욱 좋은 일이 생길지도 몰라."

그렇게 말한 토형이 의미심장하게 윙크를 했다.

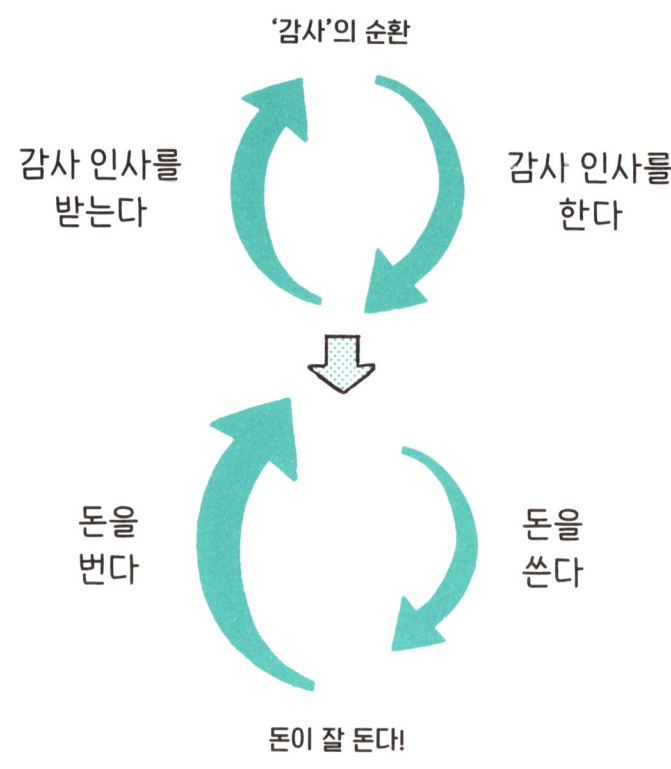

4. 엄마의 대폭발!

엄마가 울면서 호소했다.

"나는 당신이랑 같이 가게를 어떻게 운영해야 할지 의논하고 싶었어. 그런데 당신은 아무 말도 안 해 줬어."

탁자 맞은편에 앉아 있던 아빠는 가만히 듣고만 있었다.

일방적으로 이야기를 쏟아 내는 쪽은 엄마였다.

"내가 가족을 위해 할 수 있는 일은 조금이라도 돈을 버는 것밖에 없었어. 그래서 파트타임으로 일하러 나간 거야."

아빠는 한마디도 대꾸하지 않았다.

"당신은 주말에도 항상 술을 마시러 나갔잖아? 그럴 때마다 내가 어떤 마음이었는지 알아?"

"술이라니, 그런, 시시한 일로……."

"뭐? 지금 뭐라고 했어?"

"아, 아니, 아무것도……."

타악!

갑자기 엄마가 손으로 탁자를 쳤다. 집 안에 큰 소리가 울리자 아빠도 나도 깜짝 놀라 숨을 들이켰다.

"지금 시시하다고 했어? 그렇게 말했지? 미안하네, 시시한 여

자라서. 그렇지만 시시한 여자에게도 자존심이란 게 있어. 나는 이 가족과 원기정을 지키고 싶어. 이 집이랑 가게는 내 보물이니까. 그런데 뭐, 불만 있어? 있으면 말해! 말해 보라고!"

엄마의 대폭발에 아빠는 완전히 쪼그라들었다.

"미, 미안, 정말, 미안해."

"사과할 마음이 있었다면 왜 그동안 입 다물고 있었던 거야! 이대로 가면 우리 가게는 망한다고! 어떻게든 해야 해. 우리가 할 수 있는 일을 생각해야 한다고."

"지금까지 아무것도 의논하지 않아서 정말 미안해."

아빠는 자리에서 일어나 잘못한 사람처럼 고개를 숙였다.

"이제 와서 가게를 리모델링하기도, 사람을 고용하기도 어려워. 그럴 돈이 없는걸. 그렇지만 난 가난에 지고 싶지 않아. 그러긴 싫어. 가게 문을 닫게 된다면 분해서 잠도 안 올 거야!"

"당신 말이 맞아. 앞으로는 무슨 일이든지 당신과 의논할게. 지금까지의 일은 잊어버리고 함께 힘을 합쳐 보자. 그러니까, 잘 부탁해."

아빠는 연신 고개를 숙였다. 이 정도로 저자세인 아빠는 난생처음 봤다.

"앞으로는 뭐든지 나한테 이야기해. 즐거운 일뿐만 아니라 괴로운 일도, 힘든 일도, 다 서로 이야기하는 거야."

"그래, 알겠어."

아빠는 가만히 고개를 끄덕였다.

그때 갑자기 엄마의 분노의 화살이 내게 돌아왔다.

"도담아! 멍하니 듣고 있지만 말고, 너도 어떻게 하면 가게를 위기에서 구해 낼 수 있을지 생각해! 지금은 가족 모두의 위기야. 숙제 따위나 하고 있을 때가 아니라고!"

"아, 아무리 그래도, 그런 말은 좀……."

아빠가 말끝을 흐렸다.

"시끄러워! 학교 공부보다 가족이 더 중요한 게 당연하잖아!"
엄마는 아빠의 말을 완전히 무시했다.

이젠 모든 게 엉망진창이다. 하지만 난, 지금의 엄마가 꽤 좋다. 솔직하니까.

결국 이날의 대화, 아니 엄마의 대폭발을 계기로 엄마는 휴일에 일하던 파트타임을 그만두었다. 그만두기 전, "그런 걸 하고 있을 때가 아니야."라고 말했다.

엄마는 파트타임으로 돈을 벌기보다 아빠랑 함께하는 일을 선택했다. 전에 파트타임 일을 시작한 엄마에게 "그 일을 하면 두근두근거려?"라고 물어봤을 때, "그럴 리가 없잖아!"라고 화를 내던 모습이 떠올랐다. 설령 많은 돈은 못 벌지라도, 고생을 많이 할지라도, 엄마에게는 아빠와 함께 가게를 운영하는 것이 더 두근거리는 일인 것이다.

이렇게 우리 가족 세 명은 마음을 하나로 모아 '원기정 되살리기 계획'에 돌입했다. '햄버그스테이크 요리 교실'은 자두 할머니 덕분에 문의가 늘어서 이미 몇 번이나 개최했다. 게다가 손님의 요청을 받아서 요리 교실 메뉴를 더 늘리기도 했다. 다음 주에 열릴 '게크림크로켓 요리 교실'에는 이미 많은 참가 신청이 들어왔다.

홍보를 전담하고 있는 엄마는 전단지만 돌려서는 안 된다는 것을 깨닫고 요즘 자두 할머니를 자주 만나 SNS를 배우고 있다. 나도 가끔 같이 가서 사진 잘 찍는 법을 배운다.

아빠는 새로운 메뉴를 개발하기 시작했다. 이곳저곳의 다양한 식재료를 찾아서 매달 계절 한정 메뉴를 고안하고 있다. 그걸 맛보는 것은 엄마와 나의 일이다. 엄마가 새로운 메뉴를 SNS에 소개하기 시작한 뒤로 가게를 찾는 젊은 손님이 조금씩 늘어났다. 이렇게 우리 가족의 '장사의 사전 준비'는 착실하게 열매를 맺어 가고 있다.

그렇다고 안심할 수는 없다. 손님이 늘었다고는 해도 아직은 부족한 것 같다. 하지만 아빠와 엄마는 앞으로 어떻게 할지 종종 이야기를 나눈다. 그 자리에는 내가 끼기도 하는데, 두 사람은 나를 방해꾼 취급하지 않고 장사와 돈에 대해서 가르쳐 준다. 사실 난 이런 이야기에 낄 수 있다는 것이 무척 기쁘다. 이런 식으로 엄마 아빠와 함께 '머니 스토리'를 나누고 싶었으니까.

요즘 아빠는 활기를 되찾았다.

"매상은 줄었지만 지금이 더 즐거워. 엄마와 함께 원기정을 계속 이어 나가고야 말겠어."

역시 우리 아빠다! 가난을 웃음으로 극복하는 우리 가족, 정말

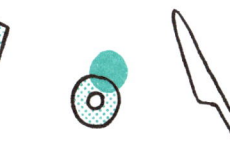

이지 최고다.

어느 날, 아빠가 이런 말을 꺼냈다.

"다음 연휴에는 강원도에 가 보려고 해."

"강원도? 왜?"

"강원도의 농가에서 채소를 살펴보면서 새 메뉴 연구 좀 해 볼까 하고. 모처럼 멀리까지 가니까 가족여행도 겸해서 가면 좋지 않을까?"

잠깐, 강원도라면, 호, 혹시…….

"너희 삼총사 중 하나였던 한솔이가 강원도로 이사 갔다고 했지? 겸사겸사 만나러 가는 건 어때?"

"우아, 그럼 한솔이네 집에 가도 돼?"

"그렇게 멀지 않으니까 괜찮아. 우람이도 초대할까?"

"우람이도?"

나는 깜짝 놀라서 그 자리에서 뛰어오를 뻔했다.

"차를 타고 갈 거니까 한번 물어봐. 햄버그스테이크 요리 교실을 할 때 우람이도 많이 도와줬잖아. 덕분에 아빠는 다시 한번 도전할 마음이 생겼어. 우람이는 우리 집의 은인이야. 그러니까 아빠도 감사 표시를 하고 싶어."

"우람이도 당연히 좋아할 거야. 내일 학교에서 물어볼게! 셋이

서 만날 수 있다는 걸 알면 분명히 엄청 기뻐할 거야!"

옆에서 듣고 있던 엄마도 빙그레 미소 지으며 고개를 끄덕였다.

"도담아, 정말이야? 나도 가도 돼?"

"응, 차로 가니까 우람이도 같이 가면 어떻겠냐고 하셨어. 아빠랑 엄마가 너 꼭 초대하래."

"강원도까지 드라이브라니, 게다가 한솔이도 만날 수 있다니!"

우람이는 몇 번이나 주먹을 치켜들며 기뻐했다.

원래 한솔이와 만나기 위해서 돈을 모으기 시작했던 저금통. 물론 다른 이유로 그걸 깨 버렸지만 결국 한솔이와 만날 수 있게 되었다. 게다가 우리 삼총사가 다시 모이다니! 토형은 정말로 요술 램프의 요정보다 더 굉장한 걸 선물해 주었다.

'아, 맞다. 토형에게 감사 인사를 해야지. 젤리가 좋겠어! 토형, 분명 좋아할 거야.'

나는 우람이와 헤어지고 집으로 돌아오는 길에 젤리를 샀다. 물론 토형이 좋아하는 콜라 맛으로. 집까지 서둘러 뛰어가, "욥!" 하는 인사를 기대하면서 방문을 열었다. 그런데 방 안이 고요했다. 뭔가 이상했다. 책상 앞으로 가니 그곳에 무언가가 놓여 있었다. 그건 언젠가 본 적이 있는 토형의 글씨체로 적힌 편지였다.

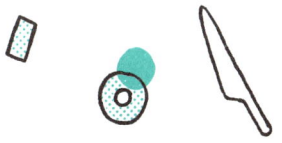

도담이에게,

어서 와.
삼총사가 다시 만나게 됐다면서? 정말 잘됐다!
엄마와 아빠도 미소를 되찾았고, 모든 게 잘되고 있어. 굿 잡!
그런데 도담이에게 한 가지 할 이야기가 있어. 내 정체에 대한 거야.
나는 사실 도담이가 초등학생이 되기 직전에 하늘나라로 떠난 할아버지야. 기억나? 네가 유치원 때 자주 놀아 줬던 할아버지 말이야. 내 이름이 원기정이란다. 레스토랑 이름을 내 이름에서 따왔다는 건 알고 있니?
원기정을 시작했을 무렵에는 매일 수많은 손님이 찾아와 주었지. 그 뒤, 네 아빠가 '이 가게와 요리는 내가 지키겠다.'라면서 내 뒤를 이었던 거야.
하지만 현실은 냉혹했어. 원기정의 매상은 점점 떨어졌고, 네 엄마와 아빠의 사이도 나빠졌지. 그 모습을 천국에서 보고 있자니 걱정이 되어서 견딜 수가 없더구나. 그래서 나는 항공 점퍼 차림의 토끼가 되어서 그쪽 세계에 가기로 한 거야.

이번에는 도담이가 엄마랑 아빠 그리고 원기정을 지켜 줬어. 가게가 다시 자리를 잡으려면 시간이 걸리겠지만 분명 괜찮아 질 거야. 가족 모두가 힘을 합치면 반드시 위기를 극복할 수 있어. 이 모든 건 도담이가 '돈 공부'를 함으로써 '머니 스토리의 기적'을 일으킨 덕분이야.

그래, 맞다. 사실 자두 할머니는 내 소꿉친구야. 내가 레스토랑을 처음 열었을 때도 가장 먼저 와 주었지. 무서워 보이지만 무척 다정한 친구야. 사람은 겉모습이 전부가 아니거든.

나는 천국으로 돌아가지만, 이번에 배운 것들은 절대 잊지 마.

건강과 친구, 두근거림 그리고 꺾이지 않는 마음을 소중히 여겨야 해.

짧은 시간이었지만 손자와 친구처럼 지낼 수 있어서 정말 즐거웠어. 이제 이별의 시간이 다가온 것 같아. 마지막으로 한마디만 남길게.

도담아, 가족과 원기정을 지켜 줘서 정말 고마워.

에필로그

해 질 녘, 석양을 받은 내 그림자가 바닥에 길게 드리워졌다. 학교에서 집으로 돌아가는 길에 옆에서 나란히 걷고 있는 우람이에게 물었다.

"우람아, 나중에 커서 무슨 일을 하고 싶어?"

우람이는 똑바로 앞을 바라보며 말했다.

"나, 요리사가 되고 싶어."

"정말?"

"응, 요리 교실에서 도담이네 아빠를 보고 결심했어. 그날 아저씨가 '매일 식사를 마련해 주어서 고맙습니다.'라고 감사 인사를 하셨잖아? 그게 무척 감동적이었거든. 지금은 내가 직접 밥을 차려서 혼자 먹고 있잖아? 그게 참 아쉽다는 생각이 들었어. 언젠가는 내가 만든 요리를 누군가가 먹어 줬으면 좋겠어. 내 요리로 누군가의 기운을 북돋을 수 있다면 정말 멋질 거야. 그런 생각을 하니 어느 순간 요리하는 게 무척 즐거워졌어. 신기하지? 지금은 어떻게 하면 요리를 더 맛있게 만들 수 있을지, 여러 가지 궁리를 하고 있어."

"우람이라면 반드시 좋은 요리사가 될 수 있을 거야."

"도담이가 그렇게 말해 주니까 힘이 난다. 난 요리 전문학교 같은 곳에 다닐 돈은 없으니까, 레스토랑 같은 곳에 취직하려고 해. 거기서 일을 하면서 실력을 쌓은 뒤 언젠가 내 가게를 열고 싶어. 그게 내 장래 희망이야."

"우아, 우람이의 레스토랑이라니! 굉장하다, 진짜!"

내가 흥분하자 우람이도 뿌듯해했다.

"만일 레스토랑을 열게 된다면…… 도담아, 네가 가장 먼저 와 줘, 손님으로."

"당연히 제일 먼저 가야지. 무슨 일이 있어도 갈 거야! 약속할게."

"그래, 약속 꼭 지켜야 돼."

나는 걸음을 멈추고 우람이가 내민 손을 굳세게 마주 잡았다. 이 악수는 남자끼리의 굳은 약속이다.

"우람아, 꼭 그 꿈을 이루길 응원할게."

"그래, 맡겨 둬! 참, 그런데 도담이는 나중에 무슨 일이 하고 싶어?"

"아직 모르겠어. 하지만 언젠가는 나에게 꼭 맞는 정말 좋은 직업을 찾고 말 거야."

나는 아직 어떤 일을 하면 좋을지 모르겠다. 그렇지만 어떤 일

을 하게 되든, 소중한 것이 무엇인지 나는 알고 있으니까 지금 당장 하고 싶은 일이 없어도 괜찮다.

"도담이라면 분명 좋은 일을 찾을 수 있을 거야."

"고마워, 빨리 우람이를 따라잡아야지."

"힘내자! 예이!"

우리는 하늘을 향해 높이 손을 뻗었다.

장래 희망. 이 글짓기도 이제 두렵지 않다. 지금이라면 자신 있게 쓸 수 있다. '감사의 마음을 서로 많이 주고받을 수 있는 일을 하겠습니다.'라고. 그리고 나는 무엇을 소중하게 여겨야 할지도 알고 있다. 건강, 친구, 두근거림, 꺾이지 않는 마음. 그것을 소중히 여기면 돈에 휘둘리지 않고 진정한 부자가 되어 잘살 수 있다. 가난 따위에 질쏘냐. 그런 자신감을 갖게 된 건 모두 엄마와 아빠 그리고 토형의 돈 공부 덕분이다.

하지만 딱 하나, 무척 쓸쓸한 일이 있다. 그건 더 이상 토형을 만날 수 없다는 것.

토형, 우리에게 또 위기가 닥치면 도와주러 올까? 위기 상황이 아니더라도 보고 싶을 때 만나러 와 주지 않을까?

"욥!" 하는 그 목소리를 또 듣고 싶다.

분명 또 와 주겠지.

"나, 그날을 기다리고 있어, 토형."

돈 공부를 마친 것을
축하합니다!

OKANE NI FURIMAWASAREZU IKIYOZE! RESUTORAN TATENAOSHI DAISAKUSEN
by Yasuhiro TANAKA, USAMI and Takayo AKIYAMA
ⓒ Yasuhiro TANAKA, USAMI and Takayo AKIYAMA
2021, Printed in Japan
Korean translation copyright ⓒ 2024 by Sam & Parkers Co., Ltd.
First published in Japan by Iwasaki Publishing Co., Ltd.
Korean translation rights arranged with Iwasaki Publishing Co., Ltd. through Imprima Korea Agency.

위기에 처한 아빠 가게를 살려라!
돈 공부로 부자 될래요

초판 1쇄 발행 2024년 4월 9일

글 다나카 야스히로·우사미 | **그림** 아키야마 다카요 | **옮김** 김지영
펴낸곳 올리 | **펴낸이** 박숙정 | **자문** 박시형
기획편집 최현정 정선우 | **디자인** 전성연 | **외주 디자인** urbook
마케팅 양근모 권금숙 양봉호 이도경 | **온라인마케팅** 신하은 현나래 최혜빈
디지털콘텐츠 최은정 | **해외기획** 우정민 배혜림 | **경영지원** 홍성택 강신우 이윤재 | **제작** 이진영

출판등록 2006년 9월 25일 제406-2006-000210호
주소 서울시 마포구 월드컵북로 396 누리꿈스퀘어 비즈니스타워 18층
전화 02-6712-9800 | **팩스** 070-4850-8978
이메일 allnonly.book@gmail.com | **인스타그램** @allnonly.book

ISBN 979-11-6534-943-1 73320

- 책값은 뒤표지에 있습니다.
- 인쇄 제작 및 유통상의 파본 도서는 구입하신 서점에서 바꿔드립니다.
- 저작권법에 의해 한국 내에서 보호를 받는 저작물이므로 무단전재와 복제를 금합니다.
- 올리 _ all&only는 쌤앤파커스의 어린이 브랜드입니다.

품명 도서   **제조자명** 쌤앤파커스   **제조년월** 2024년 4월   **제조국** 대한민국
KC마크는 이 제품이 공통안전기준에 적합하였음을 의미합니다.